社会现象类材料作文不仅是近几年各省市高考作文题的热点题型，而且通过对社会现象类材料的分析和思考使写作与阅读、生活深度融合，有利于提高核心素养和综合能力，是资优生培养的的有效途径。

刘德桂

本书谨献给有志于作文教学研究的广大语文教师和在不断提高自己写作水平征程上奋斗的高中学子。

王强

"资优生教育"丛书

◎王强 季剑炜

编著

社会现象类材料作文的写作指导

上海教育出版社
SHANGHAI EDUCATIONAL
PUBLISHING HOUSE

序

    盖文章,经国之大业,不朽之盛事。写文章是铸写大业、盛事,作文教学更是铸写生命,成就、存续伟大的事业。

    写文章、作文教学,最要紧的是摒除杂念,守正创新;议论文的写作及教学更是如此。王充说:"世俗所患,患言事增其实。著文垂辞,辞出溢其真。"人们都赞同文如其人,人的品格决定文的品格;那么作文教学,首先是人的品格培养;人的品格培养中,首先是"真"的培养,"诚"的培养,先贤说"大学"从诚其意开始,"诚"是含"真"的。文章属"大学",作文教学的守正创新就从培养人的真诚开始;不然,假大空盛行,毁坏了"人",也败坏了大业、盛事。

    "读"都是有主体的,主体的学问境界不同,读出的意境也不同。甲登山情满于山,观海意溢于海,乙则可能兴味索然;读材料更甚于读山海。材料作文先要养成读的素养。向来,读是写作训练的开始,通过读提高学生的语文素养、认识水平、思维能力、思想境界、生命格局,并通过结合生活实现以上诸方面,是写作教学的前提条件。

    一方面,本书呈现的是作文教学的冰山一角。上海大学附属中学、宝山区、整个上海市,在上海市教育委员会教学研究室的引领指导下,基本实现作文教学的结构化,从阅读、生活到写作的每一个具体内容和教学实施,研究都很深入、精细,成果丰硕;另一方面,本书呈现的仅仅是作文教学结构系统中材料作文教学的一部分。

    与其他重理论的著作不同,本书偏重于课堂教学实践,偏重于教学实际操作,偏重于情境中的作文实际操作,是课堂教学的提炼和总结。可以看出,每一部分的内容都是在写作理论、逻辑理论、教育教学理论指导下的教学实施，每一个环节都是在上海市教育委员会教学研究室引领下的作文教研内容，这些"干货"的背后，是更"硬核"的理论、专家的智慧和教师们的学科功底。

本书中提供的实实在在的写作方式体现了实实在在的为人操守，实用、适用。论述如何写文章的言辞，无论中外，从古及今，愈演愈烈；属于"技""艺"方面的，连篇累牍；当今属于应试得分"技巧"的，更是铺天盖地。可以看出本书作者的愿望出于质朴：解决供材料作文教学中遇到的几个重要的问题，这些问题都着眼于学生的语文素养、具体的作文写作能力，从具体的案例中又明显看出他们以人为本的教育教学原则。

据我所知，上海大学附属中学作文教学系统完善。比如，阅读、生活、写作的结合，有具体可行的教学操作；逻辑论证和有效论证各环节，更有详尽严密的操作系统；辩证思维和批判性思维的培养，也有成效显著的课堂实践。期待他们把这些教学成果一一奉献出来。

上海市宝山区语文教研员　　刘德桂

目 录

绪论 ……………………………………………………… 1

第一章 概念与概念的界定 …………………… 7

第一节 界定概念的方法与途径 ……………… 10

第二节 界定概念——思维的起点 …………… 16

第三节 概念的界定与再界定 ………………… 25

第二章 关系的阐释与立意的升华 …………… 37

第一节 互补关系 ……………………………… 39

第二节 和谐关系 ……………………………… 47

第三节 同一关系 ……………………………… 53

第四节 转化关系 ……………………………… 59

第三章 谋篇布局与推进文意 ………………… 67

第一节 总分、并列、对照、层进的论证结构 ……… 70

第二节 起、承、转、合的论证结构 …………… 81

第三节 思辨与思辩推进文意 ………………… 87

第四章 从证据到理由 从理由到观点 ……… 97

第一节 证据和证据的运用 …………………… 100

第二节 从证据到理由 ………………………… 107

第三节 从理由到观点 ………………………… 114

第五章 证明、反驳与论点的表述 ……………… 125

第一节 证明与反驳的多种方法 ……………… 128

第二节 论点的表述 …………………………… 135

第三节 证明、反驳与论点表述的语言表达 ………… 140

第六章 从形象到抽象 …………………… 147

第一节 解读材料中的意象 …………………… 149

第二节 隐喻的去蔽 …………………………… 157

第三节 整体眼光看寓言 ……………………… 165

第四节 联想与象征 …………………………… 174

第七章 与材料展开对话 ………………… 183

第一节 二元(多元)一核心 ………………… 186

第二节 原因分析 ……………………………… 195

第三节 条件分析 ……………………………… 203

后记一 ……………………………………… 209

后记二 ……………………………………… 213

绪 论

"变与不变""思辨与思辩"

　　每年高考期间,全社会探讨的热点话题必然集中在各省市高考作文的命题上,多年来,上海卷的作文命题一直走在教改的前列,早些年的"面对大海""忙""杂""他们"颇受社会各界好评。2009年开始,上海卷作文题改变了以往命题作文的形式,代之以提供材料的形式考核考生的综合素养,十年来,材料作文的命题形式本身也在不断调整以适应时代发展的需求。

一、材料作文命题指导思想的变与不变

(一) 不变的部分

　　(1) 立德树人的目标不变。"需要与被需要""预测""评价他人的生活""心灵的微光""穿越沙漠的自由"等,都非常贴近学生的生活。命题者以宏阔的视野,引领学生探讨极具现实意义的话题,由历史到现实再到未来,由个人到社会再到国家。所有现象的背后都蕴含指引人们做出不同选择的决定性因素无疑是价值观使然,故帮助学生解读材料的过程其实就是培养学生养成现代公民意识的进程。

　　(2) 考查思维品质没有变。高考作文的区分,很大程度上取决于考生"思维品质"的高下,思维品质主要体现在文意的逐层推进与逻辑清晰方面。文意的推进相较于构思的过程在思维上恰恰是逆向的进程,构思由"大"而"小",而行文则由"小"而"大"。考生既要明确材料提供的核心话题,又要关注材料中所有的概念与现象,以"大处着眼,小处着手,抽丝剥茧,层层推进"的方式展开行文。

　　(3) 考查学生与材料对话没有变。围绕材料所提供的论题,寻找讨论点,展开与材料的对话;对话不仅仅是阐释、证明,更要在此基础上进行质疑、反驳,并补充意见。行文的推进就是不断地、深入地与材料进行对话,诸多的自问自答不可能面面俱到。但是,比同龄人多问一个"为什么"是完全能做到的。

（二）变的部分

2019 年上海卷高考作文材料的表述形式有些变化，文字量有了增大。倾听了不同国家的音乐，接触了不同风格的异域音调，我由此对音乐的"中国味"有了更深刻的感受，从而更有意识地去寻找"中国味"。这段话可以启发人们如何去认识事物。请写一篇文章，谈谈你对上述材料的思考和感悟。前半部分是叙述性文字，但它只是一个例子，命题者的意图和指向十分明确地以"这段话可以启发人们如何去认识事物"对考生提出要求，就是让学生谈"如何认识事物"的心得与感受，或者说如何关照世界、认识自我的过程。

二、构思立意的思辨与思辩

（一）思辨

关于"思辨"，我们将关注点落在"辨"字上，含有"辨别、辨认、辨析"的意思。命题者提供的材料，无论长短，信息量是非常丰富的，我们首先需要对材料进行成分分析和关系分析。材料围绕哪一个核心话题展开？材料中又有哪些概念和现象？这些概念与现象姑且称为意义单元。意义单元之间的逻辑关系是怎样的？材料中有没有判断？判断的前提是什么？前提与结论之间的关系是充分条件、必要条件还是充要条件？

（二）思辩

关于"思辩"，我们将关注点落在"辩"字上，"辩证"的意思。材料所提供的意义单元至少有一组呈现表象上的对立，辩证思维要求考生能挖掘表象对立下的统一点，并具有独到的见解与思想。从意义单元彼此间的矛盾关系中挖掘统一处，对考生而言无疑是有一定困难的，但是掌握相应的方法，问题可以得到解决。辩证法告诉我们，矛盾的双方可以是互补的，可以是和谐的，可以是同一的，可以相互转化。

材料作文的写作，归结起来几大要点或几大步骤——把握材料所提供的核心话题展开与材料的对话，界定意义单元的内涵外延，探寻意义单元的形成原因，在辩证思维的基础上持有自己独到见解的立场。

　　本书的出版希望能给广大学子提供一种符合认知规律、成熟而经典的思维路径,提供思维方法与思维工具,使思考成为一种习惯,并伴随其一生的学习与成长。

　　本书在编写过程中,得到刘德桂老师和王庆老师的悉心指导,在此致以衷心的感谢。书中如有不妥之处,敬请读者斧正。

第 一 章

概念与概念的界定

随着教学改革的不断深入,语文高考试卷的命题形式和命题思路都在发生着转变,很难想象一份高考试卷如果缺失了写作部分将会怎样,毕竟没有比写作更能科学地评估学生思维水平与思想深度的载体了。有些人觉得高考作文最大的功能在于区分学生语言表达能力的差异,这种认知无疑存在偏差。语言表达确实存在通顺、流畅、优美的不同,但是语言更大的功能还是在于承载并传递写作者对某一社会现象的逻辑思维能力以及思想认识水平,就好比我们很难想象徒具华丽的外表而无灵魂的躯壳会具备号召力、感染力、说服力。

纵览最近几年各省市的高考作文题,越来越多的省市选择采用材料作文的形式考查考生的能力,出发点是为了避免学生套题、套作,颇有些迫使学生现场分析、当场发挥的意味,以期更科学地评估考生真实的水平。

写作者的逻辑思维能力和思想认识水平是如何通过语言的表达得以呈现的呢？很大程度上与写作者对材料所提供的核心话题中核心概念的确认与界定关系密切。当下学生的习作较为令人诟病的,一是语言表达华而不实;二是套作成风。预防或祛除这类弊病的方法很简单,就是以概念的界定作为思维的起点,以充分地展开与材料的对话为前提,随着行文的推进在初步界定概念的基础上对概念进行再界定的思维活动。

概念的界定对写作者而言无疑极具挑战性,要以尽可能简洁的文字表达出概念本身所蕴含的丰富的信息对中学生来讲其难度是很大的。要进行概念的界定,首先要清楚概念的定义是什么？概念的组成部分有哪些？界定概念的表达形式又是怎样的？

人们对周围事物的认识,总是经历着从感性认知到理性认知的蜕变过程,在转变过程中,人们将所认识事物普遍的、共同的特质提炼出来,并将之抽象化、概念化,这样的思维进程便是概念逐步生成的过程。由概念的生成过程可知,概念的核心是人们所认识的事物区别于其他相似、相关事物的最鲜明的特征或本质属性。抽离出所认识事物的本质属性的确是进行概念界定这一思维活动中最为重要的一环,但还不足以形成一条读者易于理解并接受的概念,思维活动的主体也就是概念的界定者还必须将概念的适用范围、对象等外延部分进行确认。由此我们进一步得知,概念由内涵与外延两部分构成,基本以主谓单句的句式、以肯定的语气加以表达。本章内容,笔者主要尝试从概念界定的角度对推动行文发展的价值与意义以及概念界定的方法、途径两方面展开探讨。

第一节　界定概念的方法与途径

对一篇材料作文而言,在立意准确的前提下,评判文章水准高下的因素中语言与思维的分量孰轻孰重? 无疑是思维。我们可以从哪些方面评估学生的思维水平呢? 推动行文展开的概念的界定与再界定无疑是重要的考量因素。

一篇出彩的议论文必须在以下几方面经得起推敲:概念的界定与关系的阐释;论点及观点的表述;语言的表达;论点与论据的关系;证明和反驳的多种方法;由证据到理由,由理由到观点;行文的思路和结构;思想的深化与升华。对高中阶段的学生来说,要做到面面俱到,有很大的难度。下面以习作"有一种美让人感动"的讲评来谈谈我所选择的议论文写作的突破口与切入点——概念的界定。

我的讲评首先围绕"写什么"展开。细细思量,其实"有一种美让人感动"这个题目不好写,习惯于即事抒情的学生尚没有追根究底的思维习惯,故很难展现其思想的深度。下笔之前,同学们构想的首先是"我该写什么美呢?"美的类型实在太啦,尝试给美下一个与内心深处想要表达的思想、情感相契合的定义,正是同学们面临的第一个难题。美有哪些类型呢? 屈指数来,人物之俊美,山川之秀美,河岳之壮美,食物之鲜美,故事之凄美……不一而足。这些美的共性何在? 触及灵魂、怦然心动。我们首先尝试给美下一个广义上的定义,大家必须明确的是,分类、列举,都不是真正意义上概念的界定。节选学生所写的相关文字,大家一起来琢磨、斟酌,看看是否有启发。

① 在形式、比例、布局、风度、颜色或声音上接近完美或理想境界,使各种感官极为愉悦,这是百度百科对美的定义。(点评:恐怕只是对建筑、音乐、绘画等艺术美的定义,科学与人文呢? 涵盖面不够。)

② 足以敲击心坎,温暖人心,感人至深的人、事即为美。

(点评:悲剧那震撼心灵的美何以"温暖人心"? 这个定义还是不够全面。)

③ 美,是精神领域抽象物的再现。它既离不开审美主体,也离不开审美客体,它是审美主体对审美客体产生的一种主观感受。因此,美是抽象的,美感的世界是意象世界。

(点评:美是一种主观感受,是怎样的主观感受呢? 不够精准。)

④ 美是什么? 从古到今,从西方到东方,对"美"的解释是复杂的。如古希腊的柏拉图认为:"美是理念。"中世纪的圣奥古斯丁道:"美是上帝无上的荣耀与光辉。"俄国的车尔尼雪夫斯基说:"美是生活。"中国古代的道学家说:"天地有大美而不言。"美,往往有不同的表达方式。美,在人们心灵的最深处。只在乎你是否有仔细体会。

(点评:③④对美的理解其实有共通之处,只是都没有讲清楚美给人们带来怎样的心理感受,而这种心理感受恰恰是定义中不可或缺的限制语部分。)

⑤ 摘抄:美是事物最有价值的一面,美感的经验是人生中最有价值的一面。

　　——(朱光潜《我们对于一棵古松的三种态度——实用的、科学的、美感的》)

(点评:朱光潜先生对美的解读,能给我们带来很多启迪,两句话,第一句从审美对象来说,第二句从审美主体来谈。朱光潜先生常说,美是一种感觉。综合起来,我们能不能这样界定美:美是触及灵魂的一种心理感受,是事物最有价值的一面。这样,将之前出现的涵盖面及感受类型的缺失部分全部补完整。)

我们完成了思维链条的第一环——对广义上的美的定义。基于上述讲评,归纳如何进行概念的界定:概念的界定基本上是以其"本质""属性"为中心词,以"对象""范围""特征"等为限制语,以单句的形式组织语言。

示例：

　　随着现代社会的发展，人们的生活更容易进入大众视野，评价他人生活变得越来越常见，这些评价对个人和社会的影响会越来越大。人们对"评价他人的生活"这种现象的看法不尽相同，请写一篇文章，谈谈你对这种现象的思考。

上文说到，列举和分类算不上真正意义上的概念界定，却是界定概念的思维活动中不可或缺的前期准备阶段。这则材料中，核心的概念很明显是"评价"，"评价"是什么，凭直觉很难给出精准的定义。我们首先穷尽脑海中种种"评价"活动，如说人好，道人坏，恨人有，笑人无等，这些"评价"行为的共性是对"好坏""美丑""对错"所作的判断，这些共性其实就是"评价"概念的本质属性，由此我们可以得出"评价是一种是非判断"的结论。上文还说到，在概念界定的过程中必须以"对象""范围""特征"等作为限制语，"评价"的主体是我，对象是周围的"人""事""物"，在此基础上，我们对概念进行修正，"评价是行为主体对周围人、事、物所作的是非判断"，这样，我们就生成了"评价"比较全面的概念，但进一步细想，总觉得还缺了些什么？既然"评价"是一种是非判断，那么必然存在标准，标准又是什么呢？是行为主体的价值观。于是，我们进一步修正概念，"评价是基于自我的价值标准对人、事、物所作的是非判断"。形象地说，概念界定的过程就是一场头脑风暴，精准而全面的概念，对挖掘文章的主题意义重大，下一节还将进行深入探究。

示例：

　　有人说，生活在众人瞩目的中心，方得快意人生。对此你是否认同？请写一篇文章，谈谈你的看法。

在这则材料中，我们需要对两个概念进行界定，中心与快意人生。相对而言，对快意人生的理解没有障碍，畅快、尽兴的人生，自我价值得到实现、被大家认可的人生。但是，"中心"的概念该如何表述？挑战性很高的。我们要界定的"中心"这一概念，是生活在众人瞩目的中心，那么，我们就可以排除物理学、数学等自然学科上的中心，而是社会学、心理学意义上的中心，这个意义上的中心，其本质属性又是什么呢？我们可以从它的表现、作用作为切入点进行分析。众人瞩目，必然是大家关注的焦点，而焦点人物必然对关注其的人们产生积极或消极的影响，由此我们可以看到"众人瞩目的中心"表述的其实是社会生活中人际间的关系。通过以上分析，可以将写作材料中的中心定义为"人际关系的聚合点与发散点"。再进一步分析"中心"这一概念的外延，也就是其适用范围，我们可以发现评判主体可以是"我"，也可以是"他人"，这样一来，我们就可以将文意进一步推进到"我眼中的中心"或许是"他人眼中的边缘"，"他人眼中的中心"也可以是"我眼中的边缘"这一层面，从而使文章的立意具备了辩证性。

示例：

　　"海日生残夜，江春入旧年"是唐代诗人王湾的名句。请根据自己阅读诗句所体会到的意境与哲理，联系现实生活，写一篇不少于800字的文章。

"海日""残夜""江春""旧年"，诗句中的概念具有比喻性和对比性。诗句在描写景物、节令中，蕴含一种自然理趣：海日生于残夜，将驱尽黑暗；江春，那江上景物所表现的"春意"，闯入旧年，将赶走严冬。诗句在描绘大江日出的壮美意境中，形象地昭示出新、旧事物更替的客观辩证之理。生活中的许多事物和现象，都含有这两句诗的意境与哲理。这一类别的材料作文，审题立意时，要注意揣摩诗句的内涵，尤其是运用比喻的诗句，要弄清本体和喻体的含义，通过联想或类比现实人生，把其中蕴含的意境或哲理具体可感起来——不要以抽象的理解来解读抽象，或揣摩诗句是否蕴含关系性话题，如果体会出其中蕴含的关系性话题，我们可以围绕话题来立意。通过仔细揣摩，我们不难体会"海日生残夜，江春入旧年"两句诗中蕴含这样一些关系性话题：新生之于衰亡；光明之于黑暗；希望之于绝望；成功之于失败；真理之于谬误；文明之于愚昧……不一而足。我们只需要选择一个话题来写，围绕这个话题来立意谋篇。既然当关系性话题来写，那就要体现一定的辩证性，注意不要只写一个方面，可以有所侧重，如写光明，就应当联系社会现实，以黑暗为背景；写新生的力量，就应当以衰亡为底色。这样才能与诗句蕴含的意境或哲理相吻合，突出积极的现实意义。

习作展示：

勇 者 思 变

海日生残夜，江春入旧年。

——王湾

海日生于残夜，将驱尽黑暗；江春，那江上景物所表现的"春意"，闯入旧年，将赶走严冬。在大江日出的壮美意境中，你是否体会到一种不甘于黑暗寒冷而勇于思索大胆求变的精神呢？正是这伟大的精神推动了几千年来人类的发展，社会的进步。思至人生之道，诚宜探索多求变，勇踏未知路。

育青年，变思想，鲁迅呐喊求变，"铁肩担道义，妙手著文章"。民国时期，思想封闭，腐如死水，一团漆黑，国难当头，中国谁人变思想，谁人领呐喊？是无数热血沸腾的志士仁人，鲁迅先生便冲在思想阵地最前锋。鲁迅先生以《彷徨》《呐喊》求乱世中伟大的变革，传出的思想变革浪潮宏音如那江上春风唤醒了多少猛士，使之前进而无顾后，背黑暗而向光明，"我要肩住黑暗的闸门，让年轻一代到光明宽阔的地方去"，鲁迅先生用汗和血求变着，予人以某种精神和希望，在孤独中超脱，在悲愤中深刻，在痛苦中清醒，在绝望中昂扬……人是一棵芦苇，渺小而无力，但当勇敢求变使之具有奋斗的思想时，人便成了一棵会思考的芦苇，伟大而坚韧，这会思考的芦苇不正是像鲁迅先生这样"投枪"的英雄吗！

不甘凌辱，勇敢求变，陈涉翻身变英雄。秦末时候，征民守疆，大雨道阻，误期处死，众人多叹命苦。陈涉虽瓮牖绳枢之子，氓隶之人，然屈死苦役

点评：文章围绕"身陷黑暗如何去做"这样一个主问题来立意，列举的例子虽都是过去的事，但很有现实性，且叙述议论很有激情，是一篇很有特点的文章。文章立意的精准，是以对"海日""残夜"和"江春""旧年"两组进行对比的同时又带有隐喻性质的概念的准确界定为前提的。虽然，在文章中，小作者并没有直接以主谓结构单句的形式阐述概念，但在行文的推进过程中无不以对概念的准确把握为基础，以两者间关系为核心展开探讨，使文章的主旨具有一定的深度，而这正是本章第二节具体展开的环节，"以概念的界定作为文章思维的起点"。当然，本文的瑕疵也是比较明显的：语言表达不够顺畅自然，有些地方以辞害意。

非其人生之志,他曾有言:"且壮士不死即已,死即
举大名耳,王侯将相宁有种乎?"陈涉要突破黑暗,
改变自己的命运,"生当作人杰,死亦为鬼雄",这才
是真汉子,于黑暗中勇敢求变,探索人生路,陈涉,
做到了! 他牢牢把握住乱世中求"变"的亮剑,斩木
为兵,揭竿为旗,英武天下。英雄往往就是这样,不
断求变,为什么说英雄促时世呢? 社会历史潮流不
能靠一群庸庸碌碌安于现状者来引领,真正引领潮
流的是那些具有求变思想与勇气的勇士。

　　古今中外在黑暗中勇敢求变而名垂后世的志
士不胜枚举,如哈姆莱特在"时代脱臼了,真糟糕,
天生我要把它扳过来"的誓言中改变了自己的命
运,生命被演绎得真诚而壮阔,"变者,天下之公理"
"戊戌六君子""我以我血荐轩辕"激励后人……玉
不琢,不成器,君子不思变,不发展。说到我们青年
一代,十年寒窗春秋雪,一腔热血题壁间,赤心剑胆
凌霄志,勇敢求变笑暗天。

　　求变让海日驱尽黑暗,让江春赶走严冬,而我
们,将带着求变的勇气,最终踏出一条通向光明
的路。

第二节　界定概念——思维的起点

　　材料作文的写作,自然要整体性地把握材料,但命题者所提供的材料中含有丰富多元的信息,其中必然存在核心的话题与概念。而概念的界定,特别是核心话题中概念的界定恰恰是思维路径的起点,是文章立意深度的基础。在本节中,继续以"评价他人的生活"为例,探讨"概念界定为什么是写作过程中思维的起点"这一问题。在上一节中,通过不断探究,我们给"评价"所下的定义是"基于自我的价值标准对人、事、物所作的是非判断"。既然是"基于自我的价值标准",那么自我的价值标准自然存在"高""低""俗""雅"等区别,于是有所褒贬、有所抑扬自然是我们首先可以将文意推进到的层次。再进一步推展开来,在"评价他人的生活"这一社会现象中,评价行为是对是非、对错、好坏、美丑等作出判断,评价行为的发起人很多,意见当然会有分歧,对分歧的弥合就具有促进社会和谐的价值,文章的立意便得到进一步深化。行为主体评价的对象理所当然是彼方,但作出评价的主体却是"我","我"与他人之间存在的关系不仅仅是单向的由"我"及"他",也可以是由"他"及"我",那么通过评价他人的生活就具有反思自我的人生这一特定的价值,于是文章的内涵就越发得到深化。我们再来看,"评价他人的生活"是有一定的标准的,这标准就是"我"的价值观,而不是一般意义上对方的标准,不同的标准基于多元的价值观,而社会主义核心价值观作为主流价值观的引领作用是无可争辩的,于是文章的境界得到了进一步扩展。我们可以看到,文意之所以一步步得以推进,无不是以概念的界定作为思维起点的,在与材料的对话过程中,我们对概念的本质属性、行为主体、适用范围等各个方面做足了文章。

　　针对社会现象,要看得广、看得深、看得透,我们务必认识现象中蕴含的普遍性与特殊性,分析现象产生的原因并透过表象挖掘其本质,辨别现象间及现象内的区别与联系,通过分析、综合、比较等诸多方式,生成由直观化、形象化而至抽象化、概念化的认识,这便是思维的主要环节与步骤。而当下的高考材料作文题提供的基本上是某种社会现象,我们发现,对现象中关键概念的解读过程恰好与思维的基本过程相契合,换而言之,对概念的两大组成部分——本质属性与适用范围的把握越是准确、适切,我们对现象的认识会越全面、准确而深刻。

把概念界定作为起点构建思维路径,为议论文写作训练提供了可行的突破口与切入点。无疑,概念界定对学生来说是一个难点,界定概念的过程自始至终必须紧紧围绕"思维"这个核心展开,当然思维的完整与缜密绝非一朝一夕就能达成的,但也绝非可望不可即的目标。

示例:

> 世间的美有无数种,如让人欣赏、使人陶醉……而有一种美则是让人感动,对让人感动的美,你有什么看法?请写一篇800字以上的文章,文体不限。

材料的指向是明确的,让我们写"感动我们的美",美的范畴是大于"感动我们的美"的,至少还有"振奋我们的美""忧伤我们的美"等。我们要写哪一种感动我们的美呢?外在美与内在美的分类实在过于含糊、笼统,最终难免流于堆砌材料,通过讲故事来凑字数。所以,对习作的整体构思,有以下两点:(1)话题的确立,是写好文章的又一大难点。难在"我"写完的文章,绝对不能给教师留下套作的感觉。耐心、平等、宽容、谦让、拼搏、坚持等都是不错的话题,遗憾处就在于太容易让阅卷教师感觉学生事先准备了相关的文章,这样就很尴尬。怎样跨过这道坎呢?导入哲学的、美学的、心理学的、社会学的概念就是极佳的途径。例如,理性之美、人性之美、淡泊之美、残缺之美,甚至还可以侃侃而谈"华服之美"让人感动。(2)在确立写哪一种"让人感动的美丽"后,思维链条的下一环就是务必解读清楚"为什么你要谈的美是令人感动的"背后蕴含的原因,这是写好文章的又一个难点。当然,究其根本最终感动我们的,还是价值实现的问题,只是中间缺少了充实的、符合逻辑的推理过程。

在基本完成概念界定后,思维路径踏上了话题选择、原因探究的环节。在文意继续向前推进的过程中,写作者还可能存在两大问题:(1)为了丰富文章的内涵,习作中极有可能出现多种能"感动人的美",这样的构思本身没有问题,问题在于诸多的美的概念能不能归属于同一类美的范畴中,换而言之,就是"纲举"之后"目张"的目的能否达成。不够成功的例子:"牺牲"与"平淡"确实都能让人感动,但是它们同属于哪一类美呢? 比较成功的例子:入世之进取,出世之淡泊,可以归为同一类——"情怀之美",而这种"情怀之美"又是让人感动的。水准高下区分明显的实例,根子在于作为思维路径起点的概念界定的环节思考不够缜密,或本质属性把握不准,或适用范围划分不清。(2)"有一种美让人感动",构成文章的主体部分,应该是解读、剖析为什么这种美能感动人? 注意,是感动人的原因,而不是从美中感悟到的哲理等,"感动"与"感悟"还是有明显区别的。请读者体悟下列两种推断:因为这种美有价值,所以我们要珍惜;因为这种美触及我心中最柔软的部分,所以我感动了。当你重在探究美的价值时,在不知不觉间偏题了。问题的出现,根源还是学生对概念的解读不够全面和精准,进而对全文而言,无法呈现给读者清晰的思维路径,范文"古乐之美让人感动"能较直观地纠正大部分学生认知上的偏差。

习作展示:

古乐之美让人感动

① 一首首快节奏的口水歌,没有任何的艺术价值,却传遍了全国。在每日耳朵的麻木中,触及心灵的正是我们曾舍弃的。古乐,它出于历史泥沙沉积的长河,如清晨的露水一般剔透,这样的美丽。

② 古乐之古,不在于它来自过去,而在于它悠久的历史。远在西方十二平均律出现之前,伏羲已经创造了属于华夏的乐系。五声打动人的一点大概就是它的纯吧,在崇尚和平宁静的背景下,古乐的音韵极其正统而和谐,典雅而端庄,这些仿佛能将人的邪心都能洗净了似的,听着如沐春风般温暖。当然古乐中清商清羽的调子也时常让人有凄凄然之感,但这种凄美不是病态的,不是颓然的,反

点评:小作者的标题是"古乐之美让人感动",第①段对"美"的理解是"触及心灵",客观地讲,概念界定有点含糊,而且没有体现古乐之美区别于其他类型的美所具有的独特性;第②段和第③段小作者分别以久远而纯净、深厚而动人这两大特色解读古乐之美与众不同的感动人的原因,其实这也是对概念的补充阐释,第②段和第③段的视角分别是历史与人文,层次、逻辑之清晰得以

而不怨不艾,用一种清高的感觉去淡泊地俯视世间的不公甚至自身的险境,听这种古乐像去听一位翩翩君子的诉说,心会为之牵动而精神高度享受。它的纯同样在于简单。郑声淫的主要原因就在于过于靡乱繁复,因而才被正人君子所不喜。而真正的古乐会像《韶》一样,不用凭借花哨的技巧也能使人三月不知肉味。

③古乐很大程度上是与诗词联系在一起的,因而它的文化背景也是不容小觑的。阳关三叠有些深沉的旋律,当配上"劝君更尽一杯酒,西出阳关无故人"的诗句便能使人不由得热泪盈眶,而《霓裳羽衣曲》联系的不仅是霓裳羽衣词,还有背后玄宗与贵妃的爱情,试问这样的底蕴,这样悲喜交加的反差,怎么不令人感动呢?听一曲古乐,回到那个长袖飘飘、时光悠悠的岁月,亲眼见证历史中令人潸然泪下或喜上眉梢的事,你的心被乐声彻底洗涤,如纷乱的泥沙慢慢沉淀下来,静静地卧着,整个人都身临其境。

④这种让人感动的美丽却逐渐消失在我们眼前啊,它对浮躁的生活来说太静了,太慢了,太深了,没有多少人愿意感受、了解甚至将古乐传承下来。而现在一首首流行的口水歌又有什么值得铭记的价值呢?它们只会让人们在凉薄的世界里麻木自我、迷失自我,让人们逐渐丧失用心感知美的能力。

⑤古乐,触及心弦的古乐啊,美得让人感动,即便那份酸楚挥之而不去。

呈现;第④段转向现实的针对性;第⑤段点题、结篇。无论是原因的剖析还是对现代社会的价值,无不以概念界定为思维起点逐步推进文意。

习作展示：

　　预测，是指预先推测。生活充满变数，有的人乐于接受对生活的预测，有的人则不以为然。请写一篇文章，谈谈你的思考。

要求：(1)自拟题目；(2)不少于800字。(2017上海语文高考作文题)

关于预测未来之我见

　　化蝶效应告诉我们，世界看似纷繁复杂却又彼此关联，所以未来看似难以预料却又往往可以预测，只是由于人们对生活的理解不同，对预测未来的态度也迥然而异。

点评：点明材料的核心话题，有人接受预测，有人则不然。

　　一部分人接受预测，实际上是基于对事物认知了解基础上接受内心的价值判断。拥有明确认知才能更清晰地看待不同阶层不同范围的事物。人们常说，知己知彼方能百战百胜。对事物的准确认知在心理的自我水平线上会给我们一定的支持力。比起不确定的未来，自我价值判断显然更为主观与值得信赖。这些人寻求安定，向往着简单既定的生活轨道，因此接受预测。

点评：接受预测的原因在于对事物的认知接受内心的价值判断。

　　另一部分人则不以为然，是在于对未来种种可能的无限期待。人生最美好之所在，是在于其充满变数。未知这个词，给失败的人希望，给成功的人谨慎，给迷途的人时间。或许可怕，或许美好。这些人盼望未知，向往充满变数的未来，故不接受预测。

点评：不接受预测的原因在于向往充满变数的未来。

　　我们不能说接受或不接受预测有好坏或对错之分，这仅是他们所选择的一种生活方式。不愿意承担未知风险的人相信已知的确定结果，愿意承担

点评：接受预测与不接受预测，其本质都是对生活、对人生道路的选择，而支撑人们

未知风险的人也就一头奔向他们所期盼的未来。个中滋味与最终结果都是由选择的人自己经历和承担。

做出选择的，必然是各自的人生观、价值观。

但是，我们的人生就像小说。一个知道了结局的故事，其中狗血坎坷都会变成匆匆阅过的痕迹。而真正引人入胜的，却是那些一章一节，顺着逻辑思绪不断给你跌宕起伏的过程。等到读完小说，最后的结局对尚沉浸在意外与惊喜之中的你来说，其实也没有什么重要了。上帝创造世界时，为什么不给生命具有预测未来的能力呢？正是这难以预知的种种变数，才使生命更加鲜活有力。

人们对已知结局的事情的态度会有所变化。看见了目标的人总会自觉地向目标前进，但常常会因既定的结果而放任自流。两相对比，一个不可预知的未来在人生的道路上更像是一件待人摘取的未知宝藏。当然也不乏以这件宝藏为借口而逃避现实的人。但是，懒惰者或逃避者，这些懦弱者究其原因是其内心的不够强大而导致他们对失败不敢承担责任。

因此，不论是接受预测还是不接受预测，我们都必须在人生的道路上磨砺自我的内心，在追求梦想的同时，拥有一颗强大的内心，才能接受终究到来的结果的顺心与不尽如人意以及未知过程的苦乐。

点评：接受预测或不接受预测，都必须磨砺自己强大的内心，这是小作者最终的结论，文意自然而然地推进到矛盾对立双方的统一性这一哲理层面。当然，读者也可以明晰地看到小作者个人的情感倾向更垂青于挑战不可预测的、充满无限可能的未来。

【整体点评】

> 材料的第一句话就告诉读者"预测,是指预先推测"。但是,事实上这句话并不是对"预测"进行的概念界定,充其量只能算是对"预测"的说明。纵观全文,找不到直白的、肯定的对"预测"进行概念界定的句子。但是,在小作者的思维进程中,果真没有对"预测"进行概念界定吗?其实是有的。在对人们或接受预测或不接受预测的态度进行原因探究的环节中,在剖析人们接受预测或不接受预测所带来的不同后果的对立统一性的环节中,小作者告诉我们,这背后的一切均与人们的价值观念息息相关。其实,这便是概念所涉及的最核心的——本质属性。我们可以看到,文意的逐步推进正是以小作者下笔之前深思熟虑的概念界定为思维的起点的。

习作展示:

倾听了不同国家的音乐,接触了不同风格的异域音调,我由此对音乐的"中国味"有了更深刻的感受,从而更有意识地去寻找"中国味"。

这段话可以启发人们如何认识事物。请写一篇文章,谈谈你对上述材料的思考和感悟。(2019上海高考作文题)

阅尽千帆以后 (70分)

听过交响曲的华丽,听过胡笳声的悲凉,我却愈爱筝音的清澈;看过俄罗斯文学的忧郁,看过日本情结的物哀,我却再度审视回归中国乡土的独有惆怅。

点评:以信息替代的方式点材料,开篇。

于是我明白,黑格尔的"熟知非真知"绝非戏言,而只有在阅尽千帆之后,我才真正深刻地认识了独属我的心中桃源。

点评:开门见山,认识事物获得的启发。

只有在比较中，我才明白旧知的意义，只有拥有参照系，只有拥有对向标，事物的特质才能在不同之中得以归纳、得以展现，在相似的外衣里迸发出不同的光芒。"独学而无友，则孤陋而寡闻"，单纯的闭门造车无甚意义，而终日安适于一隅的狭隘目光终将引人成为目无东海的井蛙和不可语冰的夏虫。因而我们鼓励向外看，鼓励眼界的拓展和思维的开阔。

点评：我获得的启发在于参照与比较，直击核心。

在向外求索，拓宽认识的同时，这又恰是向内审察的契机。正是有了坐标系和比照的对象，在浅表的形式下我们得以见闻相似普适的价值和寓于普世之间各异的精神内核。譬如，文学，在相似的行文下是普适、真善美的向往，而各地域文学又因文化呈现不同的特质，恰似"云层之上的阳光"，给美其美。《流浪地球》的风靡中我们将其与国外科幻相比折射出的是人类普正的信念与勇气，更是中国特有的乡土情结与精卫填海的韧性。在比照中，我们愈发珍重这份华夏所独有的精神内核。

点评：对立却又彼此统一。

由此我们明白，只有向外探寻，踏出一隅，才可谓真正地认识事物，在大千世界的纷繁缤纷下，再回头向内审视。不必害怕因外物的冲击而迷乱我们的双眼，外物的光芒恰恰成为打亮我们熟知事物的明灯。白沙在涅，与之俱黑，我却认同"蓬生麻中，不扶而直"，外界的百态参差是映衬我们的灯光。"没有任何事物能使从内部发射的光芒变暗。"玛丽·雅各特这样说道，正因土耳其进行曲的忧郁和夜曲小调的忧伤同样使我感动，所以我无比怀念家乡的高山流水。

要踏出这份内心的不安，势必经受"一个自由人的迷茫"。正如"闭门造车"下半句"出门合辙"，我们踏出深井之时刺眼的光芒对已有的认知作出挑战和怀疑，此时，便是真正的考验来临之时。外界的各异检验着我们的认知，刷新着我们的局限，但促使我们对最初的桃源重拾一腔珍重。

音乐如此，书籍如此，文化亦如此。而真正地认识我们的中华文化，免不掉放宽眼界，在与世界的瑰宝比照下不断归纳，不断辨明。从而真正地明白，辨出独属于中国的情结、惆怅。

点评：宕开一笔，拓展外延，升华立意。

那时，阅尽千帆以后，我心归处仍是斜晖夕阳的故洲。

点评：结篇含蓄隽永，颇有回味。

【整体点评】

> 　　2019上海高考作文题最大的变化就在于提出了明确的写作要求——认识事物的方法。所以，就写作而言，认识事物的方法是总纲，而内容的丰富取决于对材料中丰富信息的解读，与材料的对话。那么，有读者可能会提出问题，不是说概念界定是思维的起点吗？其实这个问题很好回答，在认识事物的方法的统领下，概念的界定依旧是思维的起点。无论是谁，看到这道高考题后，必然关注到"中国味"这个词，那么，"中国味"的概念是什么呢？在材料的背景下，"中国味"首先是中国音乐与异域音乐相比而言具有的独特的味道，也就是大多数人首先想到的传统味道；在此基础上，我们可以将"中国味"的外延加以拓展，指向中国文化的"中国味"，这里的"中国味"依旧是大多数人首先想到的传统味道；"中国味"与"异域味"比较、参照，不仅仅有区别，更有共性和普适性，由此我们可以将"中国味"的外延进一步拓展，"中国味"不仅是"传统味"，更可以是"世界味"，在对外延不断拓展的过程中，"中国味"的内涵得到充实、深化。当写作者在下笔之前脑海中具有以上所分析的"中国味"内涵的丰富性与深刻性，行文的推进便是一件相对容易的事。当然，还有一点需要注意：必须用比较、参照的方法来认识中国音乐、中国文化的传统味道与世界味道。

第三节　概念的界定与再界定

上节探讨了概念的界定是思维路径的起点这一话题。所谓意在笔先,下笔之前就已经透彻地理解写作材料中核心话题的核心概念,并能把握其内涵与外延,在很大程度上决定了文章视野的广度与立意的深度。但是,令人遗憾的是人们对现象的认识总是由表及里、由浅入深的,并随着对现象的形成原因、作用影响、行为主客体等多方面的探究而逐步加深的。所以对大部分写作者而言,下笔之前就有了高屋建瓴的对概念的理解未免有些苛求的意味。随着行文的推进,写作者对初始阶段的概念解读往往需要补充、完善甚至全面修正,这样一来,就涉及概念的"再界定"问题,本节内容我们就此话题展开探讨,分析在什么情况下需要对概念进行再界定,以及进行概念再界定所注意的事项。在本节内容中,笔者更多的是以实录与列举的形式与读者进行交流,以期带给读者更加直观具体的印象,而非抽象甚至空洞的理论。

示例:

> 有些人学业不佳,却是别人眼中的成功人士;有些人学业事业双丰收。请写一篇文章,谈谈你对这种现象的思考。

写作者在确定自己想就什么话题展开探讨之前,首先需要静下心来仔细审视材料,材料实际上给出了两类人或两种现象。两类人:有学业不佳的成功者,有学业优异的成功者;两种现象:学业不佳并不阻碍一部分人获得事业上的成功(学业优与事业成不是对立的);学业优异与事业成功可以并行不悖(学业优与事业成相辅相成)。由此发现,材料的核心落在"成功"两字。命题教师最希望写作者深入分析获得成功的因素,进一步讲,就是分析两类人各自成功的原因以及带给人们的启示。当然,两类人成功的原因有同有异,可谓同中有异、异中有同。需要强调的是,材料作为一个整体,绝对不能片段式地加以解读,最典型的如"读书无用论"或"读书至上论"等论断,均属于 1/2 式地解读材料。还需要强调的是,材料本身未设立场,不置褒贬,那么片面地厚此薄彼或扬此抑彼就是无中生有,得分必然不理想,最典型的一边倒的立意就是"学业不佳的成功者才是成功者,而学业优秀的成功者则不值得一提"。

对成功的原因,写作者可以按照材料中的两类人进行分类阐述。学业不佳的成功者之所以获得成功,可以从小人物顺应大时代洪流的宏阔历史背景的角度以及从社会环境、家庭背景及个人德行学识的不同角度加以剖析。当个体擅长的、家庭提供的、时代需要的彼此相契合时,成功的概率得到大幅提高。学业优异的成功者在取得优异学业的过程中所养成的种种有助于成功的素养也是可以分条分类阐述的,如知识本身对成功的推动作用以及超越知识的因素对成功的推动作用。总之,学业优异不是成功的唯一要素。当然,学业优异也能推动事业成功,对我们而言,两类人、两种现象中共性的因素对世人走上成功之路有很多值得引以为鉴的。

随着对成功原因的深入探究,我们发现成功的概念不再局限于一般意义上的事业有成或功成名就的范畴,而是上升至生命价值的层面。这样一来,随着行文的推进,我们有必要直白、明确又言简意赅地进一步点明写作者所理解的成功的深层次概念,不仅仅是领域中的领军者、行业中的佼佼者等浅表性内涵,更是自我价值的实现,做自己生活的主人。综上所述,全篇的架构按如下顺序推进:

（1）抛出核心话题

（2）简明扼要地定义成功（浅）

（3）分别分析两类人、两种现象的成功之因

（4）进一步分析两者共性的成分以及给人的启迪

　　　（多元化的人才观、上升到评价体系、价值观）

（5）水到渠成地再次定义成功（深）

　　　（自然而然地拔高,展现思想的深度）

示例：

　　在不少领域中活跃着一批所谓的"外行"，有些人甚至能作出突出贡献，然而大部分人与成就无缘。对此你有什么看法，请写一篇文章谈谈你的观点。

习作展示：

贡献和成就的本质

　　俗话说："外行看热闹，内行看门道。"诚然，每个领域都不缺"看热闹"的"外行"。但是，有时我们依然惊奇地发现，有一些"外行"会灵光一现，为领域的发展提供珍贵的突破口，甚至作出突出贡献。当然他们中的大部分与成就无缘。

点评：点明材料，部分"外行"成就斐然，大部分"外行"与成就无缘。

　　这样的例子有很多，文艺复兴时期的著名画家达·芬奇，在创作了《蒙娜丽莎的微笑》的作品后，还能在医学、机械等其他领域提出自己的见解，为后人的科学探索增加全新的视角。再有我国寓言故事中的"庖丁"，一个专精于解牛的厨师，却能在统治者面前从容不迫地将解牛之理影射到治国、养生方面。

点评：列举达·芬奇和庖丁在本行业以外取得卓越的成就，间接界定"外行"的概念——非本职工作，当然，这是"外行"最基础的概念。

　　他们之所以能取得这样或大或小的成就，也许是所谓的"当局者迷，旁观者清"。当一个人的思维被限制于他眼界范围内的事物，他就很难跳出认知的藩篱，反倒是没有那么多固化认知的人会提出一些新鲜的观点、创新的思路，给僵化的思维打开一扇窗，让新鲜清新的空气流进来。下棋对弈之时旁观者一句不经意的话可以破开僵局；孩童无心的涂鸦可以造就一幅惊世之作；甚至一滴露水可以引来

点评：剖析基础意义上的"外行"取得成就的原因在于突破了思维的固化。

27

哲学家关于人生的顿悟。

　　一些"外行"作出了贡献，另一些外行与成就无缘，这不矛盾吗？其实，他们是两种不同的人，"外行"在真正意义上分成两种人。

点评：推进文意，指出"外行"的概念不止一种。

　　一种是所谓"看热闹"的或高高在上的外行。他们真的一无所知，因为他们习惯性地把自己放在外行的位置上，以看热闹的方式或以权力者的姿态，凭着"一腔热血"，一种"权威"，不明就里地发表自己的看法。他们主观臆断地揣度，然后不经过事实证明，不经过实践检验，甚至不经过思考就罗织了一些"观点"，有些甚至是"外行"的观点，让真正懂行的人或啼笑皆非或莫名其妙。这种"外行"，在以权力或无知筑就的高地上俯瞰指点别人，怎么能做出成就呢？

点评：区分"外行"与"内行"的标志并非以是否为某一行业的从业人员为标准，而是以眼界、创造力为衡量的依据。其实，文意的进一步推进，恰恰完成了对"外行"概念的再界定，成就斐然的所谓"外行"，其实是真正的"内行"。

　　另一种是"看门道"或尊重内行的"外行"。他们因对未知的好奇和探索，一个个新奇的观点和思路迸发而出，这样有识见的人，对这个领域有了一定的见解，他们实际上已是触类旁通的"内行"。还有一些，深知自己是外行，但谦虚地尊重内行，尊重科学规律，他们做着许多领导、协调、服务性工作，他们作出了伟大的贡献，自己似乎没有成就，实际上这正是他们最大的成就。这样的人，怎么能说他们是外行呢？

　　取得贡献和成就的本质，不仅是所谓"内行"的专业知识，还有一种在各个领域中都适用的"通行证"——对未知的不懈探索、积极思考和永远富有生命力的学习意识，更有一种尊重内行、尊重科学规律的精神境界。由此看来，作出贡献和取得成就

点评："内行"的内涵得到了深层次的挖掘，由此得出取得成就的根本原因。

的"功臣",不是什么内行也不是什么外行,有的只
是求知求真、尊重科学的精神。

【整体点评】

> 正是概念的界定与再界定,将全文组织成浑然一体、逻辑清晰的整体。写作者从一般意义上的"外行"概念谈起,分析其与成就无缘的原因;继而追问特定意义上的"外行"成就斐然的原因;而成就斐然的"外行"与一般意义上的"外行"有着本质的不同,这就需要对"外行"的概念进行再次界定。然而,文意自然而然地推进到对立表象下的统一,成就斐然的所谓"外行",其实质就是"内行"。最后,写作者以从中获得的启发收尾,水到渠成地实现了立意的升华。

示例:

> 如今的我们好像置身于一个怀疑的时代。人们往往习惯用怀疑的眼光看待一切。对此你有什么看法,请写一篇文章谈谈你的观点。

材料的两层主要意思围绕着核心话题"怀疑"展开。①"我们身处于一个怀疑的时代";②"我们好像身处于一个怀疑的时代"。①所说的"怀疑"大体上将之解读为带有负面评价的概念。②所说的"好像是怀疑"的潜台词告诉我们,这个时代依旧有信任的存在。"怀疑"的概念中就有了正面的定性。随之而来的问题是,正面的体现在哪里?这则材料本身是不置褒贬、不持立场的,否则写作者就没有创作的空间,稍加分析,即可见材料本身就含有辩证思维的要求。

命题者的意图主要想让学生回答两个问题。为什么我们置身于一般意义上的怀疑的时代?为什么我们置身于特定意义上的怀疑的时代?一般意义和特定意义就是上文所分析的带有负面评价的怀疑的概念和具有正面属性的怀疑的概念。

从字面上来说,"怀疑"是一种处事的态度。对写作者来说,首先可以界定

一般意义上的"怀疑",这个层面的"怀疑"是基于彼此间不信任的态度,带有负面影响的、浅层次的概念。接着写作者可以分析一般意义上的"怀疑"由何而生?安全感的缺失是最主要的因素,人们主观上逐利的念头,客观上较为普遍地存在信息真假难辨的社会现实都导致了安全感缺失的现状。在这个层面上解读导致"怀疑"的因素时,可以对应材料中的"往往"一词。继而,写作者可以切换视角,以辩证思维的方式,从一般意义上的怀疑所具有的负面影响转换至正面的效应上,正面效应体现在"怀疑者"求真的意愿上。这时,对"怀疑"进行概念再界定的时机便成熟了。"怀疑"是寻求真相的勇气。行文至此,不仅成功地解读了"怀疑"的深层次意蕴,同时也成功地解读了材料中"好像"一词的深远意味。并且这种寻求真相的勇气也是当今人们普遍的愿望,又一次点明了材料中的"往往"一词。

习作展示:

"疑"中生智(二类上)

如今的我们好像置身于一个怀疑的时代,人们往往习惯用怀疑的眼光看待一切。在我看来,若以适当的方式怀疑,未必不是好事。我们应该鼓励怀疑的眼光。

怀疑是指对现有事物或观念不完全相信的态度。怀疑所强调的"疑"不是否定,而是对事物真实性或正确性的质疑。

当今时代像是一个怀疑的时代,与当今社会的发展程度有很大关联性。一方面,科学技术在发展中不断创新,创造出一个接一个新产品,增加人们对新事物的接触机会。而或多或少存在的思维定式使人们依赖于旧事物,不自知地抵触新事物,于是人们便有怀疑的可能。另一方面,社交媒体、网络等的发展使批评家、评论者的言论更易流行,人

点评:开篇原封不动地照抄材料,显得呆板而僵硬;"适当的方式",没有明确的标准,含糊其辞;"我们应该鼓励怀疑的眼光",开篇立论本身并无不可,但是,什么样的"怀疑的眼光"没有讲清楚,究竟是无端的猜疑还是大胆的质疑?小作者也没有交代清楚。

点评:单独成段来界定"怀疑"的概念,如果先有概念再立论,逻辑性会更清晰。

点评:分内因与外因两个角度剖析当今时代好像是一个怀疑时代的原因,思维定式与外

们越来越多地接触他人的不同见解。于是当纷杂的各类言论接受至同一个大脑时,它们在大脑中发生碰撞、冲突,因而使人们更容易产生怀疑的态度。因此,越来越多的怀疑的眼光是社会发展的产物。

部信息的芜杂还是颇有说服力的。

那么,怀疑的眼光对社会的发展究竟是福还是祸呢?由于怀疑让人不会轻易相信道理,有人认为怀疑会疏远人们和事实真相的距离,不必要地造成人心惶惶。不否认不必要的怀疑确实对个人或社会的发展无利,甚至还有造成人心不安的可能,但是没有怀疑的态度,人们也未必能真正地接受真相。不怀疑而"接受"真相,那么这种"接受"只停留在认知层面。要想在精神层面真正地接受真相,大胆质疑能起到很大的帮助。怀"疑"中是有大智慧的。我们要怀疑。

点评:怀疑的态度可能导致祸也可能导致福,既可能有负面的影响,又可能有正面的效应,体现了一定的思辨性。

怀疑能对个人思考起到很好的促进作用。怀疑是对事物辩证的思考,是对现有结论的不满足,在此基础上人们更有可能产生突破性的发现。例如,汤姆孙对道尔顿的古典原子论心存怀疑,在自己研究的基础上提出原子结构葡萄干面包模型,卢瑟福以怀疑的眼光看待汤姆孙的发现,研究后提出沿用至今的行星模型。两位科学家的怀疑使他们不依赖于当时所谓的"真理",而一步步突破,一步步靠近真理。因此,对个人而言,怀疑是提高思考品质的助推剂。

点评:通过列举事实,继续进行正面效应的解读,其实这一段删了也无关紧要,不要怕字数不够,推进的步子多走几步即可。留下也行,列几个名字即可。

对时代而言,怀疑又是时代发展的必需品。蒋勋曾说:"一个成熟的社会应该鼓励特立独行。""特立独行"即指勇于怀疑。怀疑是指出时代发展中存在的弊端的有效手段,是一种"回头看"。时代要更

点评:基于怀疑正面效应的再一次定义,怀疑是"求真"的愿望与勇气,再定义的意图十分明显,可惜不够直截

好地向前走,需要这种"回头看"。

当然,怀疑不是无理取闹地"挑刺""找茬"。怀疑必须是有理有据的,必须建立在对事物充分了解的基础上,在经过细致思考后,再勇敢地提出质疑。

我们要在理解的基础上怀疑,于是"疑"中自然有大智慧。

了当,有点遮遮掩掩。

点评:最后两段,应该明确地点明"好像"的意味,我们并非处于一个一般意义上的怀疑的时代,我们的时代虽有种种不堪,但主流依旧是信任与求索。如果文意能推进到这一层次,便成功展现了超越同龄人的思维品质。

【整体点评】

纵观全篇文意的推进,应该说井然有序、思路清晰,可惜只差一步到罗马,距离一类卷只有一步之遥。在初步界定了怀疑的本质属性是对事物正确性、合理性的质疑态度,并且比较全面地分析了"怀疑心理"产生的原因及其利弊影响后,文章似乎可以告一段落了。但是,材料作文与命题作文或话题作文很大的一点不同在于写作者必须与材料进行充分而深入的对话。材料中"好像""往往"这两个分别表示不确定语气和范围限制的词语是别有深意的。如果写作者能围绕所有的意义单元,再追问几个"为什么",就应该明白,"怀疑"这个概念是需要进行再界定的,如果思维继续往前推进一步,一类卷的目标也就达成了。这样看来,还是有些遗憾,有点可惜。

示例:

在日常生活中,有无数个"这样":学习是"这样"的,工作是"这样"的,教育是"这样"的,社会是"这样"的……每一个人都生活在当下的"这样"中,然而当我们回望自己的生活,是否曾经想过:或许,当下种种,可以是"那样"的。对此,你有什么感想,请写一篇不少于800字的文章,诗歌除外。

　　二元对立表象下的辩证统一是高考材料作文题极有可能的一种类别,而此类作文题审题立意的正确与否、深刻与否,是决定其归属于几类卷的重要的评判标准之一,所以绝对不能在这方面出问题。材料中反复出现的"或许"两字,读者不能不细细掂量,此中暗藏玄机啊!"或许",是一种假设,意味着不确定,所以,请别急着下定论,一竿子把"这样"拍死,毫无回旋的余地,请再仔细看看材料,材料并没有对"这样"作出导向性的负面的评价,"或许可以那样",潜台词不就是"这样"也不错的,引申开来,那样也未必尽善尽美。

　　笔者如此解读:"这样"是现状;"那样"是憧憬。现状有其长,有其利,长与利在于成熟;现状也有其短,有其弊,短与弊在于僵化。憧憬也相似,憧憬化作行动后,可能带来突破,也可能面对挫败的结局。当阅卷教师从写作者的文章中读出四种可能性后,其睿智与理性便能让教师深深折服。

　　就这篇文章而言,开篇部分提出观点,展现写作者对材料的准确理解,也就是"这样好""这样不好""那样好""那样不好"四种可能性,先声夺人的效果也就达到了。在写作材料比较简短的前提下,原封不动或几乎原封不动地照抄材料是不可取的。提供两个范例,供读者参考借鉴。

　　我走在脚下这条名叫"这样"的路上,脚步沉稳而坚实,我知道它将引领我走向何方;可是,我的眼神却瞟向身旁那条名叫"那样"的道路,那条路似有若无、曲折蜿蜒,掩映在花团锦簇之中,看起来如此诱人,它将带着我去往何方呢?

　　人生之曼妙无比之处即在于未来的无限可能,未来是不确定的,或好或坏。借助形象(意象)来传递概念,抽象的概念便变得形象直观起来。

　　马蒂尔德厌倦了这样的日子,这样的日子如此平庸;马蒂尔德渴望那样的日子,那样的日子那般光鲜。为了哪怕只是一天那样的日子,马蒂尔德付出了沉重的代价。这样的日子或许也是一份平淡,而那样的光鲜却掩盖不住浮华。在我们的生活中,我们也面对着马蒂尔德的纠结,或许只能轻叹一声:"或许可以那样吧。"

　　"这样"与"那样"皆有两面性,体现了辩证思维,借用熟悉的教材中的内容来导出话题,并于开篇处即点明核心话题。

习作展示：

或许可以那样（二类上）

事物皆有两方面，同样一片星空下站着不同的观赏者，必会得到这样或那样的不同见解。包容万象，适时作出选择，才能获得人生的感悟。

点评：材料相对比较长，一种方式是提炼归纳材料，另一种方式是信息替代，两种方式殊途同归，都是为了快速点明材料，切入话题，避免开篇臃肿累赘，本文采用的是后一种方式。开篇的第二句话有些不知所云，适时作出选择与获得人生的感悟之间看不出有何内在的关联性。

我们生活在一个充满既定思维模式的时代中。当然，先人通过感悟而得出"这样"的结论，对我们而言无疑是一笔财富。这样的经验之说，为我们的成功，人生规划提供了有利的参考及帮助，使我们找到了通向成功的捷径通道。

点评：从材料中不厌其烦"是这样的"的描述中，写作者准确地提炼出概念——既定的思维模式，可见思维品质还是非常优秀的。从某种意义上说，从适用范围中推断出概念，也算得上是"另类"的概念界定。

在这样的思维模式下，引发人们对先辈之经验的依赖以及自身感悟的减少。例如，应试学习，学生更崇尚的是参考书与教辅书的标准答案，所追求的是一个又一个的高分，而非对知识和真理的追求与体会。"这样"的教育无疑是悲哀的。对此，有学者提出设立"体验式课堂"，大意为，在学校中设立"体验式语文课堂"，教室中摆放古诗、古代瓷器等作品，让课堂氛围由沉闷向鸟语花香、轻松自由的方式转变。"那样"的课堂似乎令人看到了教育的希望。

点评："这样"的状态虽然安稳，却也令人依赖，从而带来负面影响。可惜的是，写作者明确指出"这样"意味着"既定的"，也就是"固化"的思维方式，却没有采用逆向思维的方式，进一步指出"那样"意味着突破，意味着"创造性"的思维。

当下种种，似乎都可以由"这样"转向"那样"，应试教育的乏味无趣可以转变为体验式教育的生动有趣；追求高薪的工作可以转变为以对社会作贡献的标准来选择工作；社会中自私自利的行为可以转变为帮助他人、和谐友爱的社会风尚。

点评：不客气地讲，这个段落的意义不大，颇有些凑字数的嫌疑。

然而，一切趋向"那样"的转变，都应建立在"这样"的基础上，"这样"并非一无是处，无所可取。更多的"这样"是思维基础，是先人的智慧结晶，不可舍去。当然，"那样"的选择与转变必然能为社会的进步作出贡献。例如，上海市黄浦区新天地的旧房改造，保留老上海风情，改造建筑内部结构，从而使其同时保留了文化传统和追求社会效益与功能。

点评："这样"，也就是既定的思维方式也有其可取之处，写作者并未一竿子打翻一船人，辩证与理性的思维品质得以呈现。

　　建立更多的"那样"思维模式与创新是时代发展的内在动力，我们应在"这样"的先人智慧、现实基础上，追求思维创新，转换角度思考，才能使"那样"更美好，更具有实践性。

点评：一言以蔽之，创新是在传统的基础上产生的，不能因噎废食，为了创新而无视既有的思维方式中积极的一面。

　　"这样"的积累促使"那样"的形成产生。在同一片星空下的不同感悟或许各不相同，但我相信"这样"的感悟有所相通。"这样"与"那样"都为时代发展而产生，而转变。"这样"正在不断积累，"那样"正在不断创新，在经验的基础上追求升华与进步，以现在为基础，着眼于未来，感悟于过去，才能获得独特的人生感悟与新的经验。

【整体点评】

　　　这篇习作最大的不足是没有写出选择所面临的四种可能性。首先，写作者指出"这样"的生活其本质是人们习以为常却不自知的既定的固化的思维方式，从材料中的现象描述上升到概念的高度，姑且称之为"逆向"的概念界定，这一点可圈可点、值得称道。继而，写作者以一分为二的姿态分析既定的思维方式对个体、对社会产生积极与消极的影响，这一环节也值得肯定。接着，写作者将文意推进到"那样"的概念范畴，可惜没有上升到理性的概念表达，明确"那样"是与既定的思维方式相对的思维方法的突破与创新。最后，写作者也在努力挖掘对立双方的统一性，明确了"这样"是"那样"的基础与前提，小至个体，大到社会，不能盲目地否定既定思维方式的价值。而这个环节恰恰是这篇习作最大的思维漏洞所在，写作者没有挖掘出突破性、创新性的思维未必正确、未必有效，所以与材料中"或许"一词的呼应还存在不能完全契合的不足。整体来说，写作者具备概念界定与再界定的潜意识，但是在表述上不够直白，尤其是对"或许"的解读还不够全面。

第 二 章

关系的阐释与立意的升华

　　命题作文也罢,材料作文也好,在立意准确、架构清晰、表达流畅的前提下,学生写作所面临的最大瓶颈来自如何展现思想的深度,实现立意的升华。笔者希望通过与学生进行一个完整系列专题讲解的交流、沟通,历经初识、认知、强化、生成各阶段,以质疑、探究的思维方式,帮助学生实现由浅入深、由点及面的思维深化与拓展,建立起探究概念之间除对立关系之外其他可能性的意愿与能力,能够关注到概念间的内在关联性,能够探讨剖析概念间互补、和谐、同一、转化的关系,进而借助关系的阐释来实现文章立意的深化与升华。

　　在本章内容中,笔者希望借助对若干篇例文的详尽解读,依靠图表工具,给学生提供一种可借鉴、可复制,便于操作的解题、写作的思路和流程。

第一节　互补关系

　　"天下万物生于有,有生于无。"《道德经》第四十章中如是说。意思是说,天下万物的存在是有名有形的,但有名有形的万物必定要以无名无形的"道"作为根源。老子把"有"与"无"当成相互对立的两个哲学范畴,"有"与"无"都是"道"的属性,是"道"产生天地万物时由无形质落向有形质的活动过程。"有"和"无"是对立的关系,这一点易于理解、接受;"有"和"无"又是互补关系,这一点当如何说呢?互补的意思是互相补足或互相补充,如果没有"有"的存在就不能把"无"反映出来,"有"和"无"均属于"道"的概念范畴。这是我们尝试着从老子的哲学思想来解读彼此对立的概念之间互补关系的普遍存在。

　　现实生活中,大至人类文明的发展,小到家庭个人的美满,对立之间的互补关系产生的影响广泛而深远。科学与人文两种思维方式本彼此对立,表现为认知世界的普遍主义思想与特殊主义思想间的针锋相对。但是,人类知识在当今跨学科、跨文化的发展中,科学与人文理应彼此互补,这种互补的需求既源于国家政治,更是基于人类文化的整合。这是从宏阔的视野列举的事实来证明对立双方存在的互补关系。我们再择取一个细小的角度来验证这一事实的客观存在。托尔斯泰说,幸福的家庭往往是相似的,这些幸福美满的家庭大抵存在一些共性的特点,那就是夫妻间的性格通常是互补的,但是我们也不能忽视的事实是,那些性格迥然的夫妻的"三观"是如此的一致,也就是说对立双方互补关系的存在是建立在其上位概念保持一致的前提之下的。

回到写作的话题,关注概念、现象间的对立关系是必需的,但是仅仅关注到概念、现象间的对立关系并不意味着写作者具备理性的辩证思维,我们还应仔细分析对立的概念、现象之间是否隐藏着互补的关系,进而剖析其互补关系存在的理由与依据,如此才能对概念、现象作出全面、深入、辩证的判断,从而实现文章立意的升华。

例文:

　　"本"是树根,"末"是树梢,由此我们的祖先创造了一系列的成语。例如,"舍本逐末",又如,"本末倒置",前人用这些成语来表达他们对种种社会现象的认知与评判。那么,从"本"与"末"出发,联系我们的生命,你会产生哪些感想和感受呢?

请写一篇800字以上的文章,标题自拟,文体不限,诗歌除外。

生命的本与末

　　在我看来,生命之本就是在那些最基本的需求满足后,人们无法割舍的东西;如果将某件东西舍弃,人还能有尊严地生活,那些弃之而不顾的便是生命之末。

点评:"本与末"的概念界定,开章明义。

　　生命本就诞生于无形,内心思想本就空无一物,那么费尽心思追求无意义的财富、权力,岂不可笑?而人的生存又很难割舍这些。那么,生命究竟又为了什么呢?

　　如今快节奏的生活使人们不愿思考,不会思

点评:原因剖析,无非时代潮

考,人们盲目,随波逐流,让欲望无限制地膨胀,使 流下的个体选择。
自己的内心世界完全被外界的得失所影响。外表
变得光鲜靓丽,内心变得脆弱不堪,被欲望控制,为
欲望左右的人们迷失在无穷的诱惑中却浑然不觉。
这便是舍本逐末的后果。

于是,对生命之本的思考可以把人们从无意义 点评:持有了初步的立场;
的深渊中拉出来,人们需要明白自己的初心,了解 "本着初心"与否,界分"本与
自己的真切希望,并把它作为生命之本,让生命重 末"的标准。
回正轨,让生命变得有价值。

【整体点评】

这是笔者所选例文的前半部分,对很多学生来说,思维及于此,已经完成了想要表达的内容,观点是明确的,行文也是清晰的,没有什么可挖掘的,果真如此吗?下面,笔者以表格的形式对例文的前半部分进行梳理,以期清晰呈现写作者的思维路径。

表1 学生习作《生命的本与末》的构思及行文

命题话题 思维路径	概念界定	原因探究	持有立场(初步)
生命的本与末	本:树根,重要的 末:树梢,次要的	快节奏的生活使人们不愿思考,不会思考,人们随波逐流,让欲望无限制地膨胀,使自己的内心世界完全被外界的得失所左右	对生命之本的思考可以把人们从无意义的深渊中拉出来,人们需要明白自己的初心,了解自己的真切希望,并把它作为生命之本,让生命重回正轨,让生命变得更有价值
	生命之本就是在那些最基本的需求满足后,人们无法割舍的东西;如果将某件东西舍弃,人还能有尊严地生活,那些弃之而不顾的便是生命之末	时代潮流下个体选择的被裹挟	逐本而舍末;"本着初心"与否,界分"本与末"的标准

表述自己的判断后,文章似乎可以就此结束,毕竟观点有了,立场有了,好像该说的也都说了,但是果真如此吗?我们可以清晰地看到,行文至写作者持有立场这一阶段,他的内心仅仅是将"本"与"末"作为不可调和的对立双方来分析两者间关系的,所以生成"非此即彼""非黑即白"的判断也就理所当然。写作者没有进一步探究"本"与"末"之间除了对立之外,是否还有其他内在关系的可能性,也就是说,写作者在辩证地看现象、看问题上,还缺失相应的意识。其实,还有进一步将文意深化的空间,那就是"思辨性"的展现,"本"与"末"是两个概念,与单概念作文有所不同,双概念作文完全可以在两个概念之间的关系上进行深度挖掘,对高中生而言,这个要求其实不算苛刻,完全可以尝试。

我们经常形容生命好比一棵大树,它的根深植于泥土,它的叶与梢拥抱蓝天。对健康、健全的生命而言,根与梢是彼此依存的呀。面对生命的"本与末",难道仅仅是选择的问题吗?在思维的起始阶段,我们说"本与末"是相对的概念,行文至此,随着探究的深入,是不是由此可以上升到哲理的高度呢?

"生存之上还有生活。"这是教师很喜欢说的一句话,没有生存,何来生活?没有生活,生存还有什么意义?对成长中的青少年来说,知识和技能是需要掌握的,审美和情趣也是必须具备的,孰轻孰重,哪有什么标准答案啊!叹一句,生命,真是一道无解的难题。

表1中所呈现的是学生习作《生命的本与末》的构思及行文,其思维路径由概念界定起,经原因探究,最后持有立场。类似的习作在学生中普遍存在,这样的行文与立意究竟算不算好呢?客观地讲,文章主旨明确,行文清晰,是什么,为什么,怎么样,逐层挖掘,并且提出了可操作的标准,非泛泛而谈,这些都是优点所在。可是,对话题的认知基本与大部分学生雷同,主旨的深度没有自然地拔高到超越同龄人的境界,是为遗憾之处。

就此文而言,如何实现立意的升华?命题教师其实还是很善良的,"本末倒置""舍本逐末"之类的成语就是给学生提供的一级台阶、一个切入口,但是现实情况是在学生中普遍存在一种思维定式,这种思维定式客观上严重束缚了写作者思维的进一步深入。那么,我们来细究一番行文为什么没有在认识上有所突破呢?关键在于写作者将"本"与"末"的关系简单地理解为对立关系。事实上,两者之间,真的只存在对立关系吗？其实，成语"根深叶茂"能给我们带来一定的启发。由于命题含有两个概念，思维之路还可以继续走下去，事实上"本与末"之间并不仅仅是彼此对立关系，两者还可以是相依相生（互补）关系。习作可以这样延续下去："生命之本与生命之末看似对立，其实不然。对于物质，生命之末支撑着生命之本得以实现；对于精神，生命之本又使生命之末变得有意义、有价值。它们相互影响，又彼此结合，相互对立，却又浑然一体。"当思维进展到这一步，通过对"本与末"关系的进一步阐释，我们将认知自然地上升到哲理的高度，两者间更是"互补的关系"，从而实现立意的升华。

最后，回顾全篇的行文，它是逐步推导的过程。首先概念界定，继而原因探究，最后持有立场，当然，这只是初步的立场，接着通过关系的阐述持有更深入的立场，水到渠成地实现了立意的升华，达成突围于一种二元对立论的同龄人的结果。全篇的立意过程随着构思循序渐进地层层深入，完整而清晰的思维导图就成形了。

例文（续）

生命之本不断地改变着生命之末。如果一个人有了自己的理想，自己的目标，那么他一定会为之奋斗。只要有时间，就会用于钻研，学习和努力。与此同时，生命之末已不再是名利、金钱，而是一个人反复的思考和踏上成功之路的基石。

生命之本与生命之末看似两相对立，其实不然。对于物质，生命之末支撑着生命之本得以实现；对于精神，生命之本又使生命之末变得有意义、有价值。它们相互影响，又彼此结合，相互对立，却又浑然一体。

点评："根固则叶茂"，讲清了"本与末"相依相生的关系，实现立意的升华。

若不想白白浪费生命，最重要的是不让欲望左右自己的价值观念。将夯实生命之本作为生命的目的,使生命不在漫长的无意义中浪费。在困难、艰辛中铭记生命之本;追逐生命之末以实现生命之本;在富裕、成功中限制自己的欲望,用尽全力使自己的生命之本得以实现。这才是为人处世之道。唯有如此,才能让生命圆满。

控制欲望,就能把握生命之本与生命之末间的关系,让人生充满目标却又不迷失自己,忘记了生命之本。生命的意义由此而存在,社会的进步由此而产生。

点评:怎样做的问题,给出切实可行的价值观导向,可谓是铿锵有力的收篇。

【整体点评】

可复制性是这篇习作最大的价值,语言表达能力稍嫌薄弱的学生完全可以凭清晰的逻辑取胜于考场。当你的思维是缜密的,思考是深入的,每一个环节都能讲清楚,根本不需要通过讲故事来堆砌,字数自然就够了,内容也是翔实的。当然对写作者而言,首要的还是对所提供的写作材料进行细心的成分分析与关系分析,找出对立的"现象""话题"或概念,难点有:一是某些对立面不是显性的,而是隐性的;二是对立的互补只是辩证唯物主义思想对立统一中的一种可能性,难点是准确识别。

习作展示:

"忙",似乎是现代人普遍的生活状态,焦躁不安的情绪弥漫在四周,挥之不去。对这种"疲于应对"的现象,有人习以为常,有人忧心忡忡。对此,你是怎样看的呢?请谈谈你的想法。

要求:写一篇800字以上的文章,文体不限,诗歌除外。

忙

忙，本意指急促不间断地做。在人类社会中，这一词汇有着更广泛的意义，通常是指人高效不间断地思维或执行任务的状态。

历史的发展是人类不断思考和探索的过程。随着时代的变迁，人类为了适应时代而需要学习的知识和技能变得更多。为了适应飞速发展的时代，我们变忙了。

与此同时，社会的发展又会引发许多新的问题。互联网时代的到来，人们获取信息的方式更为广泛，沟通更加便捷，应对事件、解决问题的效率提高，为人们在同等时间和精力下完成更多的任务提供了客观支持；国家对相关数据的把控也更为精准，政策的实行针对性更强，为社会高效运转提供更有效的环境保障；教育的普及也使人们的理性思维能力得到提升，具备了高效运转的适应性条件。一切都变得高效，我们更忙了。

变忙给我们带来从内而外的影响，知识使人们培养敏捷的思维，增加了个体对社会的认知及对未来发展的思考，有利于自我能力的提升；多项任务需要在规定时间内完成，又迫使人们养成有目标、有计划的高效而规律的生活习惯。当今世界的高速发展创造了社会的精细化分工，各行各业秉持"工匠精神"专于己务。各项制度、文化、思想、科学的进步也在这忙碌的氛围中飞速前进着。虽忙，不亦乐乎？

忙作为一种高效不间断的思维、行为状态，对个人以及社会都有着不容小觑的积极作用，所以我

点评：起笔先进行概念界定。忙，既是生活状态，也是心理状态，是一种不得闲暇的急迫感。姑且如此吧。

点评：对世人生活匆忙的原因进行分析：我们为什么会越来越忙？时代的变迁、社会发展客观上对生命个体提出更高的技能需求；对个人而言，为实现自我价值而不断自我施压的主观诉求，主客观的原因导致人们越来越忙。

点评：忙，是与时间相抗衡的方法，写作者继续追问：变忙有何影响呢？至少有积极的、正面的效应。

点评：以持有立场，照应开篇，收束全篇。

们应该感受到忙给我们带来的益处,人生因忙而变得有乐趣、有价值。无论个人、国家或社会,都应认识到忙的重要性,不断创新,形成以积极的目标为指引和有规划的高效发展机制,并不断总结经验,避免穷忙。

这种高效机制,会使我们不断进步。愿人生因忙而喜悦,愿普世因忙而幸福。

【整体点评】

这是笔者选取的一篇考场作文,在如此短暂的时间中写出这样一篇文章,称得上难能可贵。文章可圈可点之处,也就是值得大家借鉴学习的,就是将清晰的思维路径展现给阅卷教师。你对现象有什么看法?还是以逐层推导的方式在结尾处水到渠成地展现出来,开篇立论基本堵死了后文辩证思维、深化主旨的路径。需要善意提醒的是,在持有立场的环节,很多学生喜欢用"适度"两字来表述,建议大家还是在文章中断然抛弃"适度"两字吧,"度"的临界点在哪里?标准是什么?只能说明逻辑不够清晰,思维不够缜密,少了几分理性之美。

建议:这篇学生习作还是有瑕疵和不足的,思维推进的环节没有走向更深的层次。表面上看,写作者有明确、明晰、表述明白的辩证思维的意识,具体表现在"忙"所带来的或正面或负面的影响上。但是,笔者认为这样的辩证依旧属于浅思维的范畴。那么,我们应如何进一步推进文意,展现超越同龄人的思维水平呢?建议写作者还是要从对立双方的互补关系切入。"忙"是个概念,"忙"的对立面是"闲",如果在结尾处导入与"忙"对立的"闲"的概念,分析一个心理健康的现代人如何处理好"忙"与"闲"的矛盾关系,对我们的人生抉择无疑具有积极的正面的影响。"忙"与"闲"的确是矛盾的,但是"纾解现代人的急躁、焦虑"的紧迫需求要求我们既不畏缩逃避"忙",也乐于尽情享受"闲","忙"和"闲"是构建完善自我的一体两面,彼此间存在互补关系。对写作者而言,这一环节是行文推进至临近收篇处,通过对立双方的关系阐释来实现立意的升华。需要提醒读者的是,立意的升华需要层层铺垫,不建议起笔处过早拔高,以免有刻意之嫌。

第二节　和　谐　关　系

和谐的字面意义是和睦、协调。生活中,和谐一词常用于形容人际关系、社会氛围以及审美对象不同特点之间的关系。事物之间或事物内部的方方面面之间存在矛盾、对立的关系是显而易见的,故化解矛盾、消除对立成为人们生活中的重要目标之一。但是,往往被人们所忽视的现实是矛盾对立的两方只是其所处整体的一部分,对其所处的整体而言,是保持整体和谐性的一极而已。

与对立之间的互补关系深刻地影响着人类生活,彼此间的对立无碍于整体和谐的特征,也从方方面面塑造着我们的历史、现在与未来。以宏阔的视角来审视华夏历史,中华文明自古以来表现出鲜明的"和而不同,多元一体"的特征。各民族、各地域保持着鲜明的民族特色、地域特征,使华夏文明绚丽多姿、精彩纷呈,多元文化间的差异甚至对立并没有妨碍中国人建立起统一的、多民族的泱泱大国,因为中国人的国家认同感是如此的强烈。当今时代,我们很少看到农耕区与畜牧区之间的激烈冲突,看到的是农人与牧人的融洽相处,互通有无。人类学、社会学大师费孝通先生所说的"各美其美,美人之美,美美与共,天下大同"的东方智慧正是和谐中国的先决条件。米芾的字单个看,倾斜、挑起,给人逼仄之感,但就整幅作品而言,米芾的字把裹与藏、肥与瘦、疏与密、简与繁等对立因素融合起来,也就是"骨筋、皮肉、脂泽、风神俱全,犹如一佳士也",在变化多端中达成了和谐统一的效果,所以后人评价作品整体的和谐之美正是米芾书法艺术的核心价值所在。

对我们的写作而言,承接第一节中强调关注对立概念、现象之间所隐藏的互补关系,我们还应思考对立关系之于整体和谐性的价值与意义。理性是我们的追求,辩证思维是我们的思维方式,言及于此,对辩证思维的要求增添了对立的和谐这一思考角度。赫拉克利特说,和谐产生于对立的东西,当然,我们需要运用智慧才能挖掘出对立是如何促成和谐的运行规律的,如果缺乏换位思考,缺乏我中有你、你中有我的逆向思维,我们依旧会戴着有色眼镜看人、看事、看世界的。

例文:

　　随着现代社会的发展,人们的生活更容易进入大众视野,评价他人生活变得越来越常见,这些评价对个人和社会的影响越来越大。人们对"评价他人的生活"这种现象的看法不尽相同,请写一篇文章,谈谈你对这种现象的思考。

评,还是不评,这是一个问题

　　数字时代,信息潮汹涌而至,网络达人忙着晒美食、晒宝宝,忙着秀恩爱、秀美颜,一时间场面热闹非凡,晒者,得意洋洋,评者,不亦乐乎。

　　评价他人日常生活的泛滥其实是情有可原的。一者,技术上的进步为之提供了有力的支撑;再者,他人的生活与自己的生活相比较,或迥然而异或近似雷同,于是乎抒发感慨或感同身受的共鸣也就顺理成章。

　　当我们用冷峻的目光审视这一波热潮,我们无比忧虑地发现,浪潮所裹挟而至的,往往是世人浮躁喧哗的内心世界。此时此刻,评,还是不评,便成了一个摆在我们面前的严峻问题。

　　萨特说:"存在即合理。"此言不免武断,却也折射了某种社会发展的规律。眼前的这股评论大潮也未必如洪水猛兽一般狰狞可怕。世人热衷于评价他人的生活。于是,必然产生分歧和争论,如果能在争论中弥合分歧,在争论中达成共识,那么评价他人的日常生活便具有无可估量的价值与意义。毕竟,应时而变的规则的构建,与时俱进的风气的传扬都有赖于此。如此潮流,我辈当投身其中,推波助澜。

点评:与第一节的例文一样,这是笔者所选文章的前半部分,写作者在对"评价"作出精准的概念界定后,探究了人们为什么热衷于评价他人的生活背后蕴含的社会原因、个人原因、心理原因等,在此基础上水到渠成地生成了"在争论中弥合分歧、达成共识从而构建规则、传扬正气"的期望这一结论。客观地讲,写作者的思考还是很有深度的,超越大部分的同龄人,可是,笔者还要追问:还有可挖掘的空间吗?

表2

命题话题 思维路径	概念界定	原因探究	持有立场(初步)
评价他人的生活	评价是基于自我的价值标准对人、事、物所做的是非判断	技术便利(外) 感慨共鸣(内)	争论中弥合分歧、达成共识从而构建规则、传扬正气
		时代风气喧嚣(外) 内心世界躁动(内)	

　　随着现代社会的发展,人们的生活更容易进入大众视野,评价他人生活变得越来越常见,这些评价对个人和社会的影响越来越大。人们对"评价他人的生活"这种现象的看法不尽相同,请写一篇文章,谈谈你对这种现象的思考。

　　材料作文,我们强调写作者要有强烈的与材料对话的意识,文章的前半部分似乎与材料进行了充分的对话。在评价他人的生活这一现象中评价的内涵、属性是什么? 作者明确了。为什么人们的生活更容易进入大众的视野及评价他人的生活越来越常见? 写作者从客观的技术支撑、时代风气的左右以及主观方面的心理诉求两方面点到了。并且通过分析评价他人的生活的负面影响生成"构建规则、弘扬正气"的结论也是可圈可点的。客观地讲,文章行文至此已经展现了写作者看问题的深度和能力。

　　文章的立意还有进一步挖掘的空间,揣摩全文的构思,"对个人的影响"这一重要的"意义单元"尚未加以解读(材料中的概念、话题、现象称为"意义单元"),评价他人的生活怎么会对个人产生影响呢? 其实,材料中蕴含这样一条信息,评价行为的主体是"我",结合"对个人的影响"这一点,其实材料中还蕴含了一个重要的"元":"我的生活",我们通过评价他人的生活来反思自我的人生,从中获得经验,吸取教训,成就更完美的自我,进而推动时代进步。"他人的生活"与"我的生活"就借助评价建立了关联性,它们是休戚相关的,所有人的生活构建起的正是整个时代,这一点从哲学意义上讲,就是两者间的和谐关系。

例文（续）

思考无价值，则评价无意义。理想如此丰满，而现实如此骨感，我们满心期许世人通过评价他人的生活来反思自我的人生，从中获得经验，吸取教训，可是，呈现在我们眼前的现实是对他人生活的说三道四、品头论足；一拥而上的捧杀，不分青红皂白的棒杀；剧情的反转、再反转，一而再再而三地上演，令观者错愕；评论区荡涤不清的媚俗之气、暴戾之气，根源还是社会转型期一代人的躁动不安。这还不足以发人警醒吗？如此潮流，我辈当逆流而行。

不珍惜是因为得到时太容易，这或许可以解释当下许多人评价他人生活时轻率草莽的心态。说出去的话，泼出去的水，轻点鼠标，指尖划过屏幕时，我们可曾考虑过影响？只管自己痛快而无所顾忌，无疑是不可取的。在此，请允许我表达个人的看法：评价他人的生活时，请务必走心，展开讲，请慎言，请直言。

就评价他人生活所引发的思考远不止于此，理智与情感难以两全，终将伴随文明前行的每一步，成为人类永恒的纠结。

点评：这一节内容我们侧重探讨对立双方在整体框架下的和谐性。文章的后半部分是怎样实现突破的呢？关键在于当大部分学生将目光聚焦在"评价他人的生活"对时代的意义、价值这一角度上时，作者不仅敏锐地关注到"评价他人的生活"对个人的意义、价值，更为难能可贵的是，作者挖掘出与他人的生活对立的"我的生活"这一概念，进而深入思考得出通过评价他人的生活反思自我的人生这一结论，虽未明言，却传递出他人的生活与我的生活对立却又和谐的辩证关系，从而成功地实现了立意的升华。

习作展示：

有人说："有时候，拒绝更需要勇气和智慧。"对此，你有什么看法？

请写一篇不少于800字的文章，题目自拟，文体不限，不要写成诗歌。

为了接受而拒绝

有人说："有时候，拒绝更需要勇气和智慧。"

人生在世，总免不了面对这样那样的诱惑。拒绝诱惑，显然需要上乘的道德人格。官员面对巨额的贿赂；商人面对偷工减料而带来的巨大利益；教授学者面对论文抄袭、学术造假带来的所谓名声；学生面对抄袭作业而带来的轻松。形形色色的人总会有不同的诱惑。

点评：材料所给出的，其实是一个条件关系的判断，勇气和智慧是善于拒绝的前提，写作者首先证明这一条件对于结果的合理性，展现了与材料对话的意识。

面对这些诱惑，何去何从，谁对谁错，相信大家都能很快得出一致的结论。然而，道德的不够完善，总难免会有一些人屈从于内心的欲望而向诱惑低头，最终被千夫所指，万人咒骂。

表面上，拒绝诱惑，或多或少失去了利益，但实际上，更是在精神上接受了更大的收获。

譬如，官员拒绝贪污受贿，也就接受了公正廉洁，会受民众爱戴；商人拒绝偷工减料，也就接受了优秀的质量，商品自会受顾客喜爱；教授学者拒绝学术造假，也就接受了优良的学术氛围，即使一时难以有所成就也会受人敬仰；而学生拒绝了作业抄袭、考试作弊，也就接受了诚信。

或许，在字面意义上，"接受"与"拒绝"两个词的意思是截然相反的，然而在现实中，很多时候它们之间并不矛盾。拒绝，是为了更好接受；我们拒

点评：拒绝，意味着放弃唾手可得的收益，意味着失去，但是拒绝诱惑却能收获人格的清白，写作者还是在努力地进行辩证思维，当然，想到这个层次，思维水平并未达成超越同龄人的目标，显得有些浅。其实写作者还可以在同一层面进行横向拓展，拒绝诱惑的情况想到了，拒绝他人不合理的要求呢？收获的是对原则与底线的坚守。

绝一些东西,结果能接受更多东西。

面对诱惑,进行选择只是道德上的挑战。然而,有些时候,我们面对的选择与对错无关,只是两种不同的态度和处理方式罢了。这时候,选择拒绝,更需要莫大的勇气和冷静的头脑。

点评:导入与拒绝对立的接受的概念,抓住核心话题进行逆向思维,这才是更高水准的辩证思维的思维路径。在勇气与智慧的大前提下,拒绝与接受好比单元楼的一梯两户,矛盾的表象下是和谐共生的关系。

苹果公司前首席执行官乔布斯,他面对公司的困境和新产品的开发,本可以保守地靠质量和外观赢取消费者的青睐。而他没有,他面对巨大的挑战,冒着公司可能失败的风险,果断选择了创新。最终在电子市场日益激烈的竞争中使"苹果"占据了不可撼动的地位。

他面对的选择,只是态度不同,无所谓对错。而他的选择所需要的勇气和智慧却不是一般人所能拥有的。他拒绝了平庸,也就接受了创造,接受了革新。他拒绝了保守,也就接受了挑战,接受了风险。

点评:细化分析,善于拒绝既是智慧的体现,也是勇气的展示,通过事例加以证明。

这样的例子,举不胜举,成功还是失败,有时候只是接受或拒绝的一念之间。

拒绝与接受也是对立而统一的。接受一些,也就拒绝了另一些,拒绝了一些,也就接受了另一些。为了拒绝而接受或为了接受而拒绝,都需要勇气、智慧或道德。

点评:收尾环节,写作者依旧保持着与材料的对话,这一点值得提倡,所谓立意的升华,并不意味着脱离材料的信口开河。接受也罢,拒绝也好,都是道德与智慧的体现。

【整体点评】

为了使观点、见解更有说服力,例证法的运用往往不可或缺,在此,提醒读者,证据本身并不能直接支撑观点,证据所表明的理由才能支撑观点,写作者在这方面做得还是不错的。

第三节　同　一　关　系

哲学概念上矛盾的同一性是指矛盾着的对立面相互之间不可分割的联系,是对立面之间相互联结、相互吸引、相互渗透的倾向。而同一性是指两种事物或多种事物能够共同存在,具有同样的性质。

艰深晦涩的哲学概念理解起来有些难度,我们不妨换一种更加接地气的说法,以类比的方式简单明了地解读同一关系的内涵与外延究竟是什么。"横看成岭侧成峰",苏轼的《题西林壁》大家耳熟能详,这首诗从某种意义上讲正是对"同一关系"的绝妙解读。从不同的视角看同一个对象,观看者眼中的对象形态各异,同理,从不同的角度审视同一个问题,得出的结论千差万别。我们将这种视角或看问题的角度从普遍性缩小到特殊性,将角度分别设置为 0 度与 180 度,那么恰好意味着针对同一对象的对立的视角。在一个个特定的场景下,这往往意味着态度、立场的截然相反。

好比说,大山,对我们意味着什么呢? 不同身份、经历的人对大山的感受是不同的,从生存的角度来讲,大山并不是适宜人类繁衍生息的空间,但是对历史上躲避战乱的流民而言,大山意味着能活下去,大山是他们的庇护之神;随着和平年代的到来,大山的阻隔对山中的居民而言则是追求富裕生活的重重障碍,否则,民间也不会达成"要想富,先修路"的共识。又如,"但愿人长久,千里共婵娟",望月而怀远,明月千里寄相思,传递着思而不得见的感伤与哀愁;但是一想到即便远隔万水千山,天下共同沐浴着同一轮明月的清辉,忧伤便得到了抚慰,内心得以释怀。月亮是同一个月亮,诗句是同一句诗句,区别只在于吟唱的人是消沉的还是洒脱的。

对我们的写作而言,材料提供了诸多的现象、概念,对立的双方有时是显性的,有时则是隐性的,识别对立的两个方面是思维链条中的一环而已。当材料的文字表述中对某一现象给出明确的价值判断、展现鲜明的情感取向时,我们有必要静下心来想一想:这种判断、这种情感是唯一的吗? 有与之对立的判断和情感吗? 如果这种对立的确存在,形成的原因是什么呢?身份的区别、立场的不同、态度的迥异或其他什么原因。在不断自问自答式的追问下,或许我们就能挖掘对立面的同一属性,进而实现文章立意的升华。

例一:

印度诗人泰戈尔说:"世界上最遥远的距离,不是生与死,而是你就在我面前,却不知道我爱你。"

对此你有什么感受,请写一篇 800 字以上的文章,题目自拟,文体不限,不要写成诗歌。

距　离

遥有古人"千里共婵娟",现有友人"面对面却不知何以言之"。人类,当真是因一个小小的数字而产生隔阂,还是因心中的距离导致了彼此疏远?

人,作为"共同存在者",总是以一个群体的形式出现。然而,也因人是世间万物中唯一具有"理性思维"的自我思考能力者,只要有人存在的一天,世上便会有"距离"两字。

在此,我认为的"距离",我所要阐释的"距离",并非图纸中冷漠简单的一个数字,并非地域间令人望而生畏的差距,而是人与人在思想上所存在的差异。

点评:列举生活中的"距离",而后进行概念界定。

冯友兰曾指出,所有人都逃不出这四个人生境界——自然境界、功利境界、道德境界、天地境界。诚然,一个社会是由各个境界中的无数人构成的,就好似一棵树无论是少了树根还是缺乏枝叶,皆不可能长存一般。但是,尽管相辅相成,更是彼此对立。这四个境界的人,存在着永远无法消逝的隔阂,他们以独立的、大相径庭的思想,各自存在于世。而这种思想上的差异,大抵也是最遥不可及的。正如鲁迅先生笔下的闰土,那一声"老爷",代表着他们之间已隔着一层可悲的厚障壁。两个人,若连思想都不在一个境界,又怎么能正常交流,愉悦相处呢?

　　由此可见,"距离"两字,更多的侧重人心之间的疏离啊!曾有一位作家指出,人与人最可悲的莫过于他在你的身边,却不曾知道你的泪如雨下。没错,距离的产生,也不过是思想上的游离。

点评:回答了为什么会产生距离的原因,"跨越障碍、隔阂"的主张不言自明。

表3

思维路径　　　命题话题	概念界定	原因探究	持有立场(初步)
距离	人与人之间在时间、空间、心理等方面客观存在的阻隔	时代风尚 社会潮流(客观)	提升自我、跨越阻隔
		审美品位 价值追求(主观)	

　　点评:行文至此,写作者对距离的理解是一元的、单方面的,在文章的这一部分,距离完全是作为负面的概念出现的,虽然到目前为止,推进的逻辑还是很清晰的,结论也是颇有说服力的,但是辩证的力量依旧没有呈现。可是材料中好像并没有一组对立的概念供我们阐述关系啊?仔细想想,其实是有的,有一组蕴含的对立的概念。概念界定中,我们认为距离是一种阻隔,而与阻隔对立的概念是沟通。阻隔与沟通就是一组对立的"元",它们之间是什么关系呢?有个笑话,小伙向姑娘表白,我对你的爱就像这个圆一样,永远没有终点,姑娘冷冷回答,我对你的爱也像这个圆一样……永远没有起点。起点也好,终点也罢,其实是同一个点,只是主体的态度不同罢了。也就是说,阻隔也罢,沟通也好,是对同一对象"距离"的解读,从某种意义上讲,阻隔与沟通也是同一回事,哲学上就是同一性关系,区别只在于我们看它的视角不同,只要有充足理由的支撑,就能自圆其说。

例文（续）

不过，这样的距离未尝好，也未尝不好。万事都理应用辩证的关系看待。流行语"距离产生美"使我开始深思，这"美"，究竟美在何处？

据前文所称，我们生而为人，必定带有独一无二的思想，群体便是由众多持有类似思想的人集聚而成的。由此，社会便分化成无数个有着不同思想境界的小群体。正因存在无数观点不一的群体，中国古代史上才存在"百家争鸣"的先进思想产物。社会，有了不同的想法才会进步；人类，只有思想火花的碰撞才能进化。纵观中华上下五千年的悠久历史，在无数朝代的盛衰兴亡中，不变的只有我们活跃的思维，我们对事物不同的认知，只有人类因此而产生的思辨交流。

距离，将人与人分隔开来，彼此相对独立地生活；同时也产生有利于社会发展的积极效果。万物之所以存在，必定有其价值。依我所见，只要我们凭借人独有的智慧，发挥距离带来的积极意义，那么距离也可以产生与众不同的美。

点评：依据对立双方的同一性，辩证地看待距离的价值。回过头来看"距离"的概念，用"阻隔"来定性而不用"隔阂""阻碍"之类的贬义词来定性的原因在于不能用一个给人先入为主印象的贬义词来堵塞后文辩证思维的路径。

【整体点评】

其实文章还可以作进一步的推想，除了阻隔与沟通的对立统一性外，联系日常生活、社会发展，距离也是尊重，还是保护，更是文明的体现，是美感的前提。可以将视野拓展到更大的话题，人与文化传统、文明与文明，来丰富文章的内涵。也就是说，我们可以将写作的空间进一步拓展到哲学、美学、心理学、社会学等诸多领域，只是能不能想到，能不能做好，取决于我们积淀的丰厚与否。

习作展示：

　　古人论书法时说，"藏锋以包其气，露锋以纵其神"；现代人则说，"善藏锋者"与"善露锋者"皆成大器。

　　请根据你对生活的观察和思考，就"藏锋"和（或）"露锋"，联系实际，写一篇不少于 800 字的文章，题目自拟，文体不限，不要写成诗歌。

材料解读：

　　就材料而言，一言以蔽之，即"善藏锋者与善露锋者皆成大器"。这里，蕴含无论是善藏锋者还是善露锋者都是"锋"的拥有者，即才能的具备是共同的前提，明显的对立双方的同一关系，如果在文章中大谈特谈如何蓄养能量、如何厚积薄发，细细斟酌推敲都是有偏离题意之嫌的；材料给我们的是一个现象、一个结论，实际上，命题教师的意图就在于让我们推究原因，藏锋者与露锋者为什么都能有所成就？他们的藏与露的表现是怎样的？怎样的行为才称得上"善"——擅长？多问自己几个为什么、怎么样，自然就有话可讲；思路导航：如果能将"锋"即才能这一概念化作生动的形象，如"玉""石"还是满讨巧的。如果纵向思维不大适合于你，你也完全可以横向展开，诸如善露锋者有自知之明，善露锋者善于把握时机等，谈不上有想法，但也算中规中矩。

习作展示：

收　与　放

　　古人论书法时常说："藏锋以包其气，露锋以纵其神。"可见，这收放之间的差异，只是表达不同罢了。藏锋即收，将一种大气收纳于内，露锋即放，将一股气魄全然释放。两者展现的是不同的处世态度，如何更好地彰显实力，在于这收放之间的拿捏。

点评：开篇伊始，写作者即明确了藏锋与露锋这一对矛盾体的同一关系，点明两者只是表达方式的不同，奠定了全篇思辨的基调。

　　人有内向与外向之别，诗歌也有婉约与豪放之派。"今宵酒醒何处？杨柳岸，晓风残月。"与"怅寥廓。问苍茫大地，谁主沉浮。"两者相较，孰不称得

点评：以长短句、婉约豪放皆为佳句作类比，进一步形象地阐明对立双方的同一属性。

上佳句？一放一收皆可流露出无限的魅力，又怎能将两者区别高低呢？

善藏锋者是将自我与实力积累，待往后如潺潺细流般流露出来。展现一种包容的气度，包容他人对自我的不了解，包容暂时的不完美。渐渐沉积，在藏锋的同时默默取其精华，弃其糟粕，在收的同时积蓄能量，为之后的绽放魅力提供强而有力的支持。藏锋以包其气，抱住一种积淀的冲劲。在释放后才更耀眼。

善露锋者是将自我的闪光点无限放大，然而这需要的勇气与自信是难以想象的。一旦出错，在露锋的同时，弱点也将被放大。因而，露锋者可贵的是了解，是在自我的一种透彻。在放的同时也将自己的不足巧妙地遮蔽在强大的光芒之后。露锋以纵其神，放纵的是自己的信心，是引以为傲的优点。

点评：分别解读藏锋在于蓄积，露锋在于展示；藏锋的包容与露锋的自信都是成大器者不可或缺的心理素质，藏锋与露锋的同一性再次得以强化，这是颇为深刻的辩证思维的展现。

倘若，藏锋久了便失去了展现的勇气；露锋久了，便忽略了自我的改变，如此下去，这仍然会成大器吗？由此看来，要成大器，便要拥有自信与自省，也就是学会衡量收与放。在自我缺陷暴露时选择收，收于内来进行弥补，同时又将积淀的实力放于外。在这收放之间，改善自己，了解自己，展现自己。积累的同时学会释放，展现的同时又不忘积淀，拿捏着收放之间的艺术，体会其中所流露出来的自我。由此看来懂得衡量藏锋与露锋。必将成大器。

点评：辩证思维可以继续延伸，藏锋与露锋是要学会把握时机的，否则便会成为"成大器"道路上的阻碍。

书法中的藏与露，处世时的收与放，都只是方式不同。收只是为了以后更好地释放，放只是为了更好地展现自我。懂得如何权衡收与放，如何展现自信与自省的人，便将有所成就。

点评：在核心概念不变的前提下，对话题的外延加以拓展，延伸文章的境界。

第四节　转 化 关 系

　　辩证唯物主义认为,矛盾是普遍的,也是对立统一的;矛盾的双方在一定的条件下是可以相互转化的,而所谓矛盾转化,是指矛盾双方走向自己的对立面。纯粹的哲理解读对青少年读者来说稍嫌枯燥乏味。在此,笔者希望能以一种更贴近学生表述习惯的方式来尝试着阐释矛盾双方的转化关系。

　　“塞翁失马,焉知非福;失而复得,焉知非祸”正是对矛盾双方彼此转化最鲜活的注脚。“祸兮福之所倚,福兮祸之所伏”讲述的是同样的道理。这是祖先最朴素的认知世界的辩证唯物主义思想的体现。生活中,对立双方发生转化的现象比比皆是,诸如乐极生悲、苦尽甘来等。对立双方的转化是现实的、有条件的,而不是虚幻的、任意的,如果没有一定的前提条件,对立双方是不可能转化的。例如,在上文列举的“塞翁失马”这个例子中,和平年代,丢失了马匹自然是不走运的事,但是随着战争的到来,失而复得的马匹所引发的年轻人坠马受伤的后果反而是年轻人幸存下来的先决条件。这里,战争的有无,对丢失马匹这个事实所带来后果的祸福评价而言是起到决定性作用的。所以,不顾具体条件,凭主观臆断幻想着对立的转化是主观唯心主义,否认矛盾转化需要一定的前提条件则是诡辩论。

　　在分析写作材料所提供的诸多现象、概念时,找到对立的双方是相对容易的,即便其中一方有所隐藏。难点在于挖掘对立双方发生转化的必要条件,再列举一个例子:常说垃圾是放错了地方的资源,浪费的资源则成为垃圾,垃圾与资源当然是对立的概念,带有鲜明的情感趋向价值判断,它们的区别是以“是否可利用”作为评判标准的,而决定能否利用的衡量因素则取决于人们的意愿与能力,于是我们推断出垃圾与资源发生转化的先决条件就是人们的环保意识以及人们回收、处置垃圾的技术水平还有成本效益等因素。所以,分析转化发生的必要条件的过程,实际上还是要回到概念本身这个思维的起点,毕竟概念是带有明晰的界定者的主观判断的。

当我们的思维深入对立双方产生转变的必要条件这个层次时,文章的立意必然是超越同龄人的。当然对写作者而言,我们务必在文章中展现鞭辟入里的、逐步推进的挖掘过程,切忌无中生有,理所当然的说教和堆砌。

例一:

> 有人说,生活在众人瞩目的中心,方得快意人生。对此你是否认同?

请写一篇 800 字以上的文章,题目自拟,文体不限,不要写成诗歌。

本章前三节所列举的例文,基本以"核心话题""概念界定""原因探究""持有初步立场""关系阐释""升华立意"的逻辑逐层推进文意的,面对这个题目,请读者暂且合起书本,请按照笔者示范的逻辑和思维进程来构想全文的架构、确定主题的表达。

核心话题:中心;快意人生。

概念界定:中心是人际关系的聚合点与发散点;快意:畅快、尽兴、恣意。

原因探究:居于人际关系的中心是快意人生的前提,原因何在? 受瞩目、被关注,心理得到满足;居于中心可能正面引领、推动潮流;也可能改变潮流的走向,造成消极、负面的影响;但不管怎样,快意人生都是生命个体的自我感受。

持有立场(初步):热情地拥抱生活,保有入世的情怀,实现自我价值。

本节内容意在提醒读者对立双方在一定条件下彼此转化的可能,就这篇文章而言,在这方面继续推进思维进行关系的阐释才有实现立意升华的可能性。

关系阐释:确立阐释哪一组对立概念的关系。"有人说""方""是否认同",给我们提供了以辩证的眼光审视话题的视角。"我"认为,生活在众人无视的边缘,也可获得快意的人生。于是我们导入了与"中心"对立的"边缘"的概念。

探究进行到这一步,中心与边缘的概念均是以众人的视角所进行的评判。那么,从"我"的角度看又如何呢? 让"我"人生快意的,必然是"我"眼中的中心。

"我"眼中的中心却是他人眼中的边缘,区别只是基于不同的视角而已。潮流此消彼长,另类会成为主流,主流也会渐渐淡出,中心与边缘,正上演着彼此"转化"的故事,哲学上称为转化。

持有立场(立意升华):自我放逐,何尝不是快意的人生？于人于事,以入世之心做事,以出世之心做人;游走于中心与边缘;无问西东,但求心安……这些观点对初步的立场而言,认识的深刻性明显得到质的飞跃。

习作展示:

快意人生

有人说成为众人瞩目的中心,方得快意人生。那么何为快意人生？

点评:开篇先点明材料的核心话题之一"快意人生"。

在我看来,能被自己认为是快意人生的:一定是自信地、不后悔地朝着目标前进,最后所能取得的生活。

点评:概念界定,给出写作者对"快意人生"的认识。

有人认为,成为众人瞩目的中心,方得快意人生。在众人瞩目的中心里更能促使自己进步,我们会为了努力维持自己的中心地位作出努力,这会成为漫漫人生路的一大动力。

点评:点明材料的另一个核心话题"众人瞩目的中心"是"快意人生"的前提。

也有人不赞同这种说法,成为众人瞩目的中心后那巨大的虚荣感让人迷失人生的目标,为了成为中心而产生的压力,让人更容易质疑自己,压迫得失了方向,也失去了人生本该有的肆意和洒脱。

我属于后者。把成为众人瞩目的中心作为目标,从短期来看,似是更能促使人进步,但人生是一场长跑,短期的加速无法决定最后的结果,更无法决定最后是快意人生。从长期来看,成为众人瞩目的中心,易让人产生自我怀疑。停下脚步,迷失方向,迷失本来的人生目标。对自己未来想要的生活都开始质疑迷茫,无法坚定自己的选择,这样的人生真的是快意人生吗？

点评:普遍意义上的"众人瞩目的中心"是有消极负面影响的,引出后文与"众人瞩目的中心"的对立面"边缘人物"。

与之相对,既然成为中心后的弊端那么大,那么是不是就想成为"边缘"人物或"中心之外"的人物才能得到快意人生呢? 其实也不是这样的,对"中心""边缘""中心之外"三者来说,不应该被人当作得到快意人生的必要条件,只能作为漫漫人生路上一段路的个人位置。这是会变的,不可能会有永久的期限。它们对得到快意人生的贡献是可以忽略不计的。它们远远没有平常人所想的那么重要。快意人生的必要条件更应是,坚定不移地朝着自己的目标前进,不后悔于曾经、现在、未来做出的选择,更不质疑自身的过去、现在与未来,并为此付出努力与行动,努力奋斗下去。

在茫茫历史长河中,不是皇帝就能拥有快意人生的,不论什么样的人物,向着理想生活,自己所想的快意人生为之努力并坚持下去吧!

点评:"边缘"人物也未必能获得快意人生,无论中心也罢,边缘也好,只有具有坚定不移朝目标前进的动力,才是快意人生的必要条件。

【整体点评】

> 与教师预想的构思有所不同,但文章思想的深刻性毋庸置疑,当行文推进到"众人瞩目的中心"的对立面"边缘"人物时,阅读者心中便充满了欣赏与期待。如果能够在"我的中心""他人的边缘"与"他人的中心""我的边缘"之间彼此转化的前提条件方面再作探究,以乐观、洒脱、从容的心态作为为人处世的哲学,相信写作者必然能挖掘更为深刻的立意。

习作展示:

"丧文化"是指流行于有些青年群体中的带有颓废、绝望、悲观等情绪和色彩的语言或图画。以"咸鱼""葛优躺"等为代表的丧文化的产生与流行,代表着一种自暴自弃、自我逃避的心态,但也有人认为这是一种自嘲,无伤大雅。

对此你有什么看法？请写一篇 800 字以上的文章，题目自拟，文体不限，不要写成诗歌。

炉香静逐游丝转

古之闲者，其交友也雅以乐，其独处也静以悦。

今之闲者，其交友也广以浅，其独处也躁以丧。

郁郁不得志之无力感，无所事事的麻木感固存乎一心，而一旦有人表露了这种心迹，随之又有一些人呼应并配以图片、文字宣泄颓废、悲观和绝望的情绪，更多人会"会心一笑"，并加以传播，便有了如今"丧文化"的流行。

"丧"的青年人，多是物质生活相对宽绰，而人生目标不明确不坚定的。这个年代安宁祥和，我们无须激烈的言辞或行动来争取权利，课桌也很平静，耳边没有炮火。我们不为温饱苦恼，即使不进取也有基本的安逸，于是人类贪图平稳、避开未知风险的本能使我们愿意在"丧文化"中躲避那么一会儿。

"丧文化"的流行离不开群体力量的推波助澜，一旦"丧"的心态使人们纠合成群，那么"抱团取暖"的安全感会使人"丧"得理所当然。如果一个人明白颓废后人生仍需奋然前行，那么"丧"过后的愧疚会反作用于后续的奋斗。所以，"丧"只是把头埋在沙子里的鸵鸟，逃避也不能解决。

也许，我们可以学古人，把"丧"深化成一种闲情，一种无所为而细品心灵感受的行为，从而在凡尘俗世中获得片刻安宁，却不致堕落。《蒋勋说宋词》中谈到二晏词，小径、高台、朱帘等都是没有具体意义的事物，"炉香静逐游丝转"一句更显出百无

点评：意在笔先，率先出场的是材料中并未提及的概念"闲"，以古今对比的方式指出"闲"可以表现为"静而悦""躁而丧"的截然相反的表现。起笔堪称绝妙，不愧为市级作文竞赛一等奖作品，既点到材料的核心概念"丧"，同时含蓄地表明"丧"是可以转化为"静悦"的，也就是转化为闲适与恬淡的。

点评：剖析"丧文化"流行于当代年轻人中的原因。

点评：指明"丧文化"的危害。

点评：提出解决之道。

聊赖,堂堂宰相在楼阁中,无言望着香炉上的轻烟,缭绕弥散,暗香盈室。用今天的尺度来衡量,可能有些"丧"。古人之闲与今人之闲不同在于古人的内心在那一刻是充实的,悲或伤都成享受;今人之丧是空虚的,是不知所措的。

"丧文化"使当下不少年轻人失去了思考的能力和深度,无法拥有晴窗戏乳细分茶的闲情,也无力把对"丧"的探究升级到理性的哲学的高度。其实,年少时我们必经一次"精神上的呕吐",排斥、审视过去不假思索接受的价值观,这种"呕吐"的结果,就是迷茫。先贤们早就把我们质疑的深究过,加缪在《西西弗神话》中指出,人生本质是荒诞,但在我们以自身努力反抗荒诞的过程中,我们可以获得幸福。凭我们现有的认识,能看见的是海面上的一块块礁石,当迷茫的海水退去,孤独的礁石最终连成一片岛屿,此刻,我们就找到了责任。责任是一个人身份的起点。不是每个时代的年轻人都会迷茫,因为不是每个时代都需要迷茫所带来的反思和自省。我们的社会应该帮助年轻人找到这样一种责任来对抗"丧"。

点评:以"闲"对抗"丧文化"的现实意义。

一缕千年前的炉香不知所归,一直转到了今日。思索着的文人啊,百无一用是书生,却依然用生命守护着对理想国的信仰。有人盯着香炉,眼皮开阖,选择颓然默坐;有人寻香而来,疾呼汲取过去的力量,挖掘未来的光亮,捶打世间。薄暮,书桌上的苏格拉底小雕像沐浴金光,哲人口含夕阳,一声不响。过去的圣人能解释过去,今天的答案还得来自今人。在物质条件、科学技术和社会制度都得到长足发展的

点评:以诗化的语言再次点明主旨。

"今天"，我们有"丧"的权利，同时也意味着当代的年
轻人做好了准备，去成为更具可能性的个体。

【整体点评】

> 旁征博引的语言之美，起承转合的建筑之美，朗朗上口的音乐之美，自不必言说，最难能可贵的是写作者在行文起笔及至文章的推进过程中所展现的思维与思辩的力量，从"丧"的对立面转化，指明前提条件，对浅表现象的细致剖析做到鞭辟入里，就全篇而言，可谓文质兼美。

本章小结：

或隐或现看似对立的意义单元间，往往存在着互补、转化、同一、和谐[2]的关系，需要我们用辩证的眼光去挖掘、剖析。四节内容所撷取的范例还是有一定的典型性。

图表如下：

"元"（显）	"元"（或显或隐）	关系阐释	方法
本	末	互补	
他人的生活	我的生活	和谐	辩证法
阻隔	沟通	同一	
中心	边缘	转化	

问题的提出比答案更有意义，解决问题的过程比得到的结论更有价值。笔者只是提供了一种实现立意升华的方法与途径，那就是以辩证思维的方式剖析意义单元间的关系。达成这一目标的思维路径不止一条，今后的作文指导课还将继续探讨。

【参考文献】

① 理查德·格里格，菲利普·津巴多.心理学与生活[M].王垒等译.北京：人民邮电出版社，2016.

② 赵敦华.西方哲学简史（修订版）[M].北京：北京大学出版社，2012.

第 三 章

谋篇布局与推进文意

　　"凡制于文,先布其位,犹夫行阵之首次,阶梯之有依也。"梁启超倡导的作文法一贯主张把布局谋篇放在训练的首位,而把字句末节放在次要地位。可见如果不把要阐述的道理、证明的观点先构思好、安排好,那就只能是文章未成而先毁。

　　虽说文无定法,但是杂而无序、头绪凌乱的文章是很难获得阅读者青睐的,要让阅读者对写作者的思维过程生成清晰的认识,进而认可其思想认知,写作者必须在文章形式呈现的清晰与内在逻辑的清晰两方面下足功夫。就形式呈现的清晰而言,写作者可以分别采用四种常见的论证结构——总分式、并列式、对照式、层进式或其中几种论证结构的综合运用,笔者姑且称之为"可见的清晰"。论证结构,是写作者的思维路径在文章外部形态的体现,结构严谨、层次分明的文章,可以使读者通过对文章外部形态的迅速把握来厘清文章的主旨、内容。而就文章内在逻辑的清晰而言,议论文往往是针对一个论题,经概念界定继而剖析原因、探究本质,接着或进行思辨或拓展丰富文章的内蕴,直至提出对策、抛出结论,这种文章内在的由表及里、由此及彼的推进过程,笔者姑且称之为"隐藏的清晰"。需要提醒读者的是,议论文不是论点文,也不是论据文,而是论证文,议论文要逐层深入,就要有一环扣一环的论证过程,论证过程就是写作者主动寻找论题、论据、理由、论点之间逻辑上的漏洞与缺失,利用漏洞或不缺失为弹跳点,跃入下一个思维阶段。换而言之,论点是靠论证"辩"出来的。

　　在本章内容中,笔者希望通过探讨论证结构的排布,通过探究辨别话题、对象,通过辩证分析话题、对象间的关系,达成使整篇文章从外在形态到内在逻辑的清晰并然的目标。

第一节　总分、并列、对照、层进的论证结构

论证结构是指通过某种合理的论证方式把论点、论据有序组合起来的文章排布形态，一般而言，议论文的构成由引论、本论、结论三部分组合而成。引论是提出问题的环节，即提出文章要论述的问题是什么；本论是分析问题的环节，也就是用事实、道理阐明为什么是这样的；结论是解决问题的环节，结论部分就如何达成目标的途径、方式以及可能出现的后果等加以言简意赅的陈述。实际写作过程中，议论文几种论证结构的互融性是很强的，彼此间并不互相排斥，往往是在总分结构的大框架下，分述部分层层递进，层与层并列展开，层与层对照鲜明的形态交错运用，最终达到论证中心论点的目的。出于让阅读者便于理解的目的，本节内容的讲述还是以分门别类的方式进行。

一、总分式论证结构

总分式论证结构重在展示文章主旨、内涵的丰富性，在论证的段落层次中运用总说和分说的形式。总分式论证结构一般有"总分""分总""总分总"三种形态，在行文排布上，无论哪一种形态，写作者都应当首先在"总"字上下功夫，务必用精准凝练的语言，将分述部分的主旨概括出来，从而起到"纲举目张"的作用。同时，写作者也应当注意分说的内容必须保持与总说内容的一致性与照应性，分说部分的内容是从不同角度、不同侧面来论证中心论点，相互之间不能交错重叠。在实际写作过程中，写作者可以根据立论、结论的需要，将这三种形式加以综合运用，以避免结构形态的单一。总而言之，总分式论证结构具有内容纲目清楚、层次井然、结构严谨的优点。

示例：

谈　骨　气

吴　晗

我们中国人是有骨气的。

战国时期的孟子,说过几句很好的话:"富贵不能淫,贫贱不能移,威武不能屈,此之谓大丈夫。"意思是说,高官厚禄收买不了,贫穷困苦折磨不了,强暴武力威胁不了,这就是所谓大丈夫。大丈夫的这种行为,表现出了英雄气概,我们今天就称为有骨气。

我国经过了奴隶社会、封建社会的漫长时期,每个时代都有很多这样有骨气的人,我们就是这些有骨气的人的子孙,我们是有着优良革命传统的民族。

当然,社会不同,阶级不同,骨气的具体含义也不同。这一点必须认识清楚。但是,就坚定不移地为当时的进步事业服务这一原则来说,我们祖先的许多有骨气的动人事迹,还有它积极的教育意义,是值得我们学习的。

南宋末年,首都临安被元军攻入,丞相文天祥组织武装力量坚决抵抗,失败后被俘,元朝劝他投降,他写了一首诗,其中有两句是:"人生自古谁无死,留取丹心照汗青。"意思是人总是要死的,就看怎样死法,是屈辱而死呢? 还是为民族利益而死? 他选取了后者,要把这片忠心纪录在历史上。文天祥被拘囚在北京一个阴湿的地牢里,受尽了折磨,元朝多次派人劝他,只要投降,便可以做大官,但他坚决拒绝,终于在公元 1282 年被杀害。

孟子说的几句话,在文天祥身上都表现出来了。他写的有名的《正气歌》,歌颂了古代有骨气的人的英雄气概,并且以自己的生命来抗拒压迫,号召人民继续起来反抗。

另一个故事是古代有一个穷人,饿得快死了,有人丢给他一碗饭,说:"嗟,来食!"(喂,来吃!)穷人拒绝了"嗟来"的施舍,不吃这碗饭,后来就饿死了。"不食嗟来之食"的故事很有名,流传了千百年,也是有积极意义的。那人摆着一副慈善家的面孔,吆喝一声"喂,来吃!"这个味道是不好受的。吃了这碗饭,第二步会怎样呢? 显然,他不会白白施舍,吃他的饭就要替他办事。那位穷人是有骨气的:看你那副脸孔、那个神气，宁可饿死，也不吃你的饭。

不食嗟来之食，表现了中国人民的骨气。

还有个例子。民主战士闻一多是在 1946 年 7 月 15 日被国民党枪杀的。在这之前，朋友们得到要暗杀他的消息，劝告他暂时隐蔽，他毫不在乎，照常工作，而且更加努力。明知敌人要杀他，在被害前几分钟还大声疾呼，痛斥国民党特务，指出他们的日子不会长久了，人民民主一定会取得胜利。毛主席在《别了，司徒雷登》一文中指出："许多曾经是自由主义者或民主个人主义者的人们，在美国帝国主义者及其走狗国民党反动派面前站起来了。闻一多拍案而起，横眉怒对国民党的手枪，宁可倒下去，不愿屈服。"高度赞扬他表现了我们民族的英雄气概。

孟子的这些话，虽然是在二千多年以前说的，但直到现在，还有其积极意义。当然我们无产阶级有自己的英雄气概，有自己的骨气，这就是不向任何困难低头，压不扁，折不弯，顶得住，吓不倒，为了社会主义、共产主义建设的胜利，我们一定能克服任何困难，奋勇前进。

点评：文章开门见山地抛出全文的中心论点"中国人是有骨气的"，其后第二段引用孟子的名言"富贵不能淫，贫贱不能移，威武不能屈"来证明观点，并对"骨气"的概念进行了直观的解读。作为文章的主体部分，作者列举了三位典型人物的事迹来进一步证明"中国人是有骨气的"。应该说，全文总分式的论证结构十分清晰明了。但是，有一些细微之处值得读者注意：首先，分述部分列举的人物事迹的涵盖面是比较宽广的，既有历史人物，也有当代人物，这样一来，中国人有骨气便体现出了自古以来的特征；其次，三则人物事迹是不宜打乱顺序的，文天祥、不食嗟来之食者、闻一多，作者所列举的三则人物事迹与孟子所说的话存在对应关系，总与分之间的内在逻辑是不宜打乱的；再次，三则人物事迹是"骨气"不同角度、不同侧面的展现，经得起诱惑，耐得住贫困，顶得住压力，这些人物事迹极大地丰富了"骨气"的内涵。

二、并列式论证结构

并列式论证结构在论证的段落层次中对分论点和论据以并列、平行的形态加以排布，换而言之，并列的段落或论据的顺序是可以灵活变动、调整的，而不影响文章论证过程的逻辑性,当然并列的段落或论据也是从不同侧面、不同角度来论证观点的,而并不存在主次之分。并列式论证结构具有层次清晰、条理分明、富有文采、气势恢宏的好处。

习作展示:

根据以下材料,自选角度,自拟题目,写一篇不少于 800 字的文章,不要写成诗歌。

人的心中总有一些坚硬的东西,也有一些柔软的东西,如何对待它们,将关系到能否造就和谐的自我。(2015 年上海卷语文高考作文题)

刚柔相济伟丈夫

中国人自古至今传承着推崇美玉、欣赏翠竹的审美取向,很重要的一条缘由在于它们集柔与坚为一身的特性,而这正是中国人心中理想人格的化身,柔而不失其坚,正是人性中至真、至纯、至善的美好。

无情未必真豪杰,怜子如何不丈夫。鲁迅先生的小诗呈现给世人的不再仅仅是其斗士的冷峻形象,更是日常生活中慈父的温软。同时,先生的小诗如此直白地阐释了柔软与坚硬,看似针锋相对实则并行不悖的内在关联。现实是,如果孩子生活在关爱中,就学会了包容;如果孩子生活在纵容中,就学会了放肆;如果孩子生活在规则中,就学会了自律;如果孩子生活在苛求中,就学会了敌意。所以,我所言及的刚柔相济是基于善意对底线的坚守。教导孩子,电视剧《虎妈猫爸》折射的正是现代家长的两种极端表现,从某种程度上说,溺爱与苛求都

点评:借助美玉、翠竹的意象,对应材料中坚硬与柔软的概念,起笔即体现写作者与材料对话的意识,人性中至真、至纯、至善的美好则是和谐自我的具体表现,结合标题,开篇段落其实是以一种含蓄委婉的方式阐明写作者的观点:和谐的自我是刚柔相济的。

不是真正意义上对孩子的爱,而是以爱之名义行伤害之实,于孩子的成长恰为莫大的悲剧。中国教育的困境很大程度上正是被虎妈们裹挟着走上了一条不归路。身为家长,我们应该明白,孩子的健全人格大抵由我们塑造而成。

于孩子如此,于自身亦如是,恰如鲁迅先生,正因为对国家对民族的这份深深的柔柔的爱意,才支撑起先生一辈子恪守。回想无知无畏的少年时代,曾经极其厌恶鲁迅先生的晦涩艰深的文字化作的一道道不知所云的简答题。在读了一些书、经历了一些世事后,才慢慢读懂了鲁迅,走近了鲁迅先生。先生那种看上去无情的文字,像一把把冰冷的刀子,时时刻刻割开腐烂的皮肉,剔去麻木的神经,一刀一刀,心不软,手不抖,直刺要害。这份柔情打造成的伟大高尚的力量,让猛士奔驰在一个人的荒漠中,让猛士直面惨淡的人生,直面自己最深爱的国民那最丑陋的肮脏。这是怎样的热情,怎样的铁肩道义,怎样的社会责任感啊?时代青年们,参照先生的人生,我们该怎样反躬自省,来使自己少些,再少些惶恐?

当然,对"柔弱乃立身之本,刚强为惹祸之胎"之类的古训,笔者是嗤之以鼻的,这种以背弃原则、出卖良知来换取一人、一时之利的行径恰恰是对柔弱的曲解与误读。我心目中的男子汉当是顶天立地、铁骨铮铮而内心温润的伟丈夫。

点评:本论部分的两个段落,作者娓娓道来,针对所爱的对象,柔软即是坚硬,坚硬亦是柔软,看似矛盾,实则同一,和谐的自我就是坚硬与柔软的并行。并列式的论证结构清晰地展现了写作者对坚硬与柔软造就和谐自我的理性认知。

三、对照式论证结构

对照式论证结构在论证的段落层次中或选用彼此对立的论据或提出针尖麦芒的分论点,通过正反对比来区分是非对错。对照式的论证结构中,正反双方是存在主次关系的,写作者借助反方的错误来反衬突出正方的正确,能取得使观点更加鲜明、突出,并增强说服力的效果,同时文章结构严谨、论证严密。

示例:

夏　梅　说

〔明〕钟　惺

① 梅之冷,易知也,然亦有极热之候。冬春冰雪,繁花粲粲,雅俗争赴,此其极热时也。三、四、五月,累累其实,和风甘雨之所加,而梅始冷矣。花实俱往,时维朱夏①,叶干相守,与烈日争,而梅之冷极矣。故夫看梅与咏梅者,未有于无花之时者也。

② 张谓《官舍早梅》诗所咏者,花之终,实之始也。咏梅而及于实,斯已难矣,况叶乎? 梅至于叶,而过时久矣。廷尉董崇相官南都,在告②,有夏梅诗,始及于叶。何者? 舍叶无所谓夏梅也。予为梅感此谊,属同志者和焉,而为图卷以赠之。

③ 夫世固有处极冷之时之地,而名实之权在焉。巧者乘间赴之,有名实之得,而又无赴热之讥,此趋梅于冬春冰雪者之人也,乃真附热者也。苟真为热之所在,虽与地之极冷,而有所必辩焉。此咏夏梅意也。

【注释】①朱夏:夏季。　②在告:古代官员在家休假。

【译文】

梅花的冷,是人们容易知道的,然而它也有非常热的时候。冬春之际,冰雪之中,梅花开得繁多而又灿烂鲜明,雅人俗人纷纷抢着去欣赏,这就是它非常热闹的时候。三、四、五月时,梅子结实繁多,和风吹,甘霖降,这时候的梅开始冷了。当花朵凋零,梅子熟谢时,时间已经进入炎炎的夏日,只剩树叶与树干相依相守,和烈日相互对抗,而这时的梅真是非常冷了。所以,那些欣赏梅、歌咏梅的人,从来不会在它不开花的时候（去欣赏它、歌咏它的）。

唐代诗人张谓《官舍早梅》诗中所歌咏的梅，是花快要凋谢，而梅子才刚要生出来的时候。（这诗）歌咏梅而能涉及梅子，已经是很难，何况是梅叶呢！梅树到了叶子茂盛时，已经过了开花期很久了，董崇相廷尉，在南京当官，目前正在休假。他写了《夏梅》的诗，才开始在诗歌里涉及叶子。为什么呢？没有梅叶，也就不成其为夏梅。我替梅感念这份情谊，就吩咐志同道合的朋友来写诗唱和，并画一幅图画来送给他。

这世间本来就有处在非常受冷落的时间和地位，名利大权却握在手里的人。奸巧的人（知道这点）会利用机会去亲近他们，既能得到实际的名利，又不会有趋炎附势的讥讽；这些奸巧的人就像是在冬春之际，冰雪之中跑去欣赏梅花的人，他们才是真正趋炎附势的人。假如真是"热"（权势）所在的地方，即便他目前是处在非常冷的时间和地位，也一定要分辨清楚。这就是我歌咏夏梅的真正意思。

点评：冬春之时，梅花备受热捧的际遇与及至夏日备受冷遇的遭际，在前两段的叙述中，形成鲜明的正反对比，这种世人对梅花的不公正待遇，给读者留下深刻的印象，而写作者真正的意图在于针砭时弊。所以，在第三段中，我们可以清楚地看到写作者将批判、讽刺的矛头直指趋炎附势、贪图名利的小人。其实在文章的第三段中还蕴含一组对比，君子与小人。强烈的对比还发生在写作者对两类人迥然而异的态度上，这种情感的爱憎分明可以在第二段中写作者对创作《夏梅》一诗的廷尉董崇相的赞叹与褒扬中窥见一斑。写作者选取《夏梅说》为例，意在告诉读者，对照式的论证结构中一种典型的类别是证据间的对比。

示例：

培根说过，如果你把快乐告诉一个好朋友，你将得到双倍的快乐，如果你将忧愁向一个人倾诉，你将被分掉一半的忧愁。

培根的话，给了你怎样的启发。请写一篇800字以上的文章，文体不限，不要写成诗歌。

分享与收获

一个人每年在花卉比赛中获奖,当记者问其成功的秘诀时,他答道:"这很简单,我只是把自己培育的种子分送给了邻人。"因为邻人的院子里也种上了纯度高的花种,所以在传播花粉的季节里不会因与劣等品种杂交而降低质量,反而培育出更为纯净的花朵。分享,就是在看似给予的过程中收获纯净。

试图把水往自己身上揽,水反倒流走;若将水往外拨,水却源源不断地涌进你的怀里。对生活而言,不懂得分享的人注定会失去生命中最为享受的一部分。

忽然想起一个人,葛朗台。我曾试图描摹这个人的心,纵使他藏有一屋子的金币,他的心只是一只小小的空瓶,载不进尊敬,载不进友爱,更载不进亲情,最多只是拥有半夜数金币时的虚无快感而已。我想,若是让葛朗台活至现代,听到一位退休女教师将自己价值百万的别墅拍卖后用于支援灾区,一定会露出冷漠而又讽刺的笑。只是,他不知道,真正的幸福不是占有时的小小快感,而是分享时的大大满足。

每个人都在奋斗,为个人理想和目标而奋斗。有人试图踩着别人的脊梁往上爬。郭敬明曾写道:"那年,我上高二了,日子变得现实而又残酷,常常看到自己失踪了的辅导书躺在别人的课桌上,被撕掉了封面的扉页骄傲地对着我嘲笑。"一瞬间,突然怅惘而伤感。而回过神来时,下课后的教室里依旧热闹而活跃。三两人一群相互抽背着诗文,或是聚在一起争论着题目。那一刻,教室的灯光在黑暗的夜里显得那么明亮。我们常常分享同一本辅导书,分享各自的解题思路,分享不知道算不算遥远的梦想。我们的的确确是在为自己努力着,却也是共同奋斗着。充实而快乐。

将忧伤分享,则忧伤减半;将快乐分享,则能获得双重的快乐。这是生活教给我们的法则。

居里夫人在发现放射性元素后并没有申请专利,因为她希望将科研成果分享于整个世界,从而造福于人类。或许,我们并没有伟大的科学发现与世界人民分享,但我们总有自己的力量与身边或不曾相识的人分享。

如果我们愿意分享道路,那么交通拥堵和事故将会减少过半;如果我们愿意分享财富,那么贫困地区的发展将更为迅速;如果我们愿意分享关爱,那么无数颗在风雨中受伤过的心灵将重新感受到温暖。如果我们愿意……

如果我们愿意分享,我们将收获到内心的纯净与满足。

点评:培根的话,归纳起来便是告诉我们,分享快乐,分担忧愁,我们都是受益者。就全文而言,小作者的观点非常明确,分享就会带来收获。行文过程中,不懂分享者与乐于分享者对立的价值观使他们的人生或丰盈或黯淡。写作者选取这篇习作为例意在告诉读者,对照式的论证结构中还有一种典型的类别是主次分明的分论点的对比。

四、层进式论证结构

围绕材料提供的话题,与材料展开对话,依次回答"是什么""为什么""怎么样",是层进式论证结构标准的行文排布形式,这种由此及彼,由浅入深的层次安排能较好地反映写作者严密的逻辑思维能力。在层进式论证结构中,各层次前后之间是逐层推进、逐步深入的关系,各个层次、段落的前后顺序存在内在的、紧密的联系,顺序是不能随意变动的,这一点与并列式论证结构与对照式论证结构是有所区别的。

习作展示:

钱学森先生忧心忡忡地提问:"为什么我们培养不出世界一流的人才?"鲁迅先生曾说:"要有好花,必先有好土。"这段跨越时空的问答,给了你怎样的启发?

请写一篇800字以上的文章,文体不限,不要写成诗歌。

未有天才之前

① 一堆又一堆的"生肉",源源不断地被送入学校这家"工厂"中,紧接着送出一批又一批"金枪鱼罐头"。它们确实包装精美,味道鲜美,但恰恰是如此的相同,使它们失去了自己的特点。我们如今

点评:就全文整体的论证结构而言,这篇文章是典型的层进式论证结构。开篇两段写作者明确指出当下的应试教育是将资质原本优秀的学生教

正处在这个流水线上，所有的人都走向一个尽头。路的终点送出了一批批优秀的学生，但是共同的特征是一群庸才。统一模式的教育使天才永远地消失，我们也忘记了这一点，未有天才之前，需要有个性化教育。

② 任何时代都呼唤着天才，天才是人类智慧的象征。他们令无数人惊异、赞叹、憧憬。天才一定是特立独行的，这不是一种哗众取宠的特立独行。鲁迅先生曾说未有天才之前应有能让天才产生的民众。窃以为民众固然重要，但纵然有一个宏大的环境，若没有个人的栽培，天才岂不是无中生有？所以在天才产生之前，需要有个性化教育，从而让天才获得发挥其能力的基础。

③ 个性化教育是与个性解放相联系的。人在展现个性中绽放自己的激情与活力，从而使我们看到人性之光辉。因此，个性化教育是一种对人性的培养，乃至对人性的呵护。它所培养的应是卢梭的自然人，为天才生根发芽。

④ 统一模式的教育给我们带来的是一个又一个相同的学生，他们有着不同的躯壳，但是他们有着一样的灵魂。他们不是一群人，他们是一个人。他们或许一样优秀，其结果是优秀就此消失。在这无数个一样的人面前，我看不到天才。未有天才之前，天才就此磨灭。他们如同中世纪的神学家，目光呆滞；他们如同明清的士大夫，思想僵化，令人生厌。他们确实是在"代圣人立言"，但是他们并不是圣人。我仿佛看到尼采在咒骂，狂暴地呵斥着这些羔羊。为什么我们培养不出天才，

育成毫无个性可言的庸才的始作俑者，是为"是什么"。

点评：第三、第四段则着重分析当下的应试教育制度为什么抹杀了学生原本存在的"个性"，使之扭曲为"流水线上的标准产品"，是为"为什么"；结篇第五段，写作者提出解决之道，以循序渐进的方式推广个性化教育，是为"怎么样"。应该说，全文的逻辑推进极为清晰，使阅读者一目了然。

点评：就论证结构的综合运用而言，一篇结构井然的文章往往不会仅仅采用一种论证结构，这篇习作的"为什么"环节就采用了"对照式"的论证结构，这样就有效地

玄机就在于此。

⑤ 应试教育深深地扎根于现实中,因此只要应试教育存在,一切个性化教育都会让位。我们所面临的问题,不是要不要终结应试教育,而是如何终结应试教育。只有通过循序渐进之途,使中国教育平稳地发展,个性化教育才能真正在全国扎根,未有天才之前才能有天才出现的可能。

避免了论证结构单一的瑕疵。

点评:当然,这篇习作还是存在不足之处的,"怎么样"这一环节所提出的解决问题的途径、措施、方法还是笼统了一些,缺少可操作性,也算是"白璧微瑕"处。

第二节　起、承、转、合的论证结构

与总分式、并列式、对照式、层进式的论证结构相比,"起承转合"的论证结构展现出更为清晰的思维路径,更为强大的逻辑条理,更加适合社会现象类材料作文层层深入进行探究的写作方式,故在此单列一节以显现其重要性。

"起承转合"是中国古代写作理论的一个术语,出自清代刘熙载所著《艺概》。"起",就是在文章的开头开门见山地抛出论点或给出论题;"承",就是承接,也就是承接论点或论题再进行正面或反面的阐述;"转",字面义是转折,由证明转入反驳,谓之"正转",由反驳转入证明,谓之"反转",由论点论题转入原因探究、本质探究,谓之"进转";"合",是全文的总结、归纳,即全文的结篇。说得通俗易懂一些,"起",就是开头;"承",就是承接上文加以剖析;"转",就是从另一个方面进行拓展延伸;"合",就是结束全文。

示例:

书《洛阳名园记》后
宋　李格非

洛阳处天下之中,挟崤渑之阻,当秦陇之襟喉,而赵魏之走集,盖四方必争之地也。天下当无事则已,有事,则洛阳先受兵。予故尝曰:"洛阳之盛衰,天下治乱之候也。"方唐贞观、开元之间,公卿贵戚开馆列第于东都者,号千有余邸。及其乱离,继以五季之酷,其池塘竹树,兵车蹂践,废而为丘墟。高亭大榭,烟火焚燎,化而为灰烬,与唐俱灭而共亡,无馀处矣。予故尝曰:"园圃之废兴,洛阳盛衰之候也。"且天下之治乱,候于洛阳之盛衰而知;洛阳之盛衰,候于园圃之废兴而得。则《名园记》之作,予岂徒然哉? 呜呼! 公卿大夫方进于朝,放乎一己之私以自为,而忘天下之治忽,欲退享此乐,得乎? 唐之末路是已。

【译文】

洛阳地处全国的中部,拥有崤山、渑池的险阻,算是秦川、陇地的咽喉,又是赵、魏争着向往的地方，是四方诸侯必争之地。天下如果经常太平无事也就罢了，一旦有战事，那么洛阳总是首先遭受战争。为此我曾说过：洛阳的兴盛和衰败，是天下太平或动乱的征兆啊。正当唐太宗贞观、唐玄宗开元盛世时，公卿贵族、皇亲国戚在东都洛阳营建公馆府第的，号称有一千多家。等到后期遭受动乱而流离失所，接着是五代的惨痛破坏，那些池塘、竹林、树木，被兵车践踏，变成一片废墟。高高的亭阁、宽大的楼台，被战火焚烧，化成灰烬，跟唐朝一起灰飞烟灭，没有留下一处。我曾说："馆第园林的繁盛或毁灭，就是洛阳兴旺或衰败的征兆啊。"况且天下的太平或动乱，从洛阳的兴衰就可以看到征兆；洛阳的兴衰，又可以从馆第园林的兴废看到征兆，那么《洛阳名园记》这作品，我难道是徒劳无益、白费笔墨吗？唉！公卿大夫们正被朝廷提拔任用，放纵一己的私欲，为所欲为，却忘掉了国家的太平或动乱的大事，想以后退隐了再享受这种园林之乐，能办得到吗？唐朝最后覆灭的情形就是前车之鉴啊！

分析：

古人作文，常用"起承转合"的固定模式，本文也不例外。文章共分为四层，第一层，通过分析洛阳地理位置的重要性来证明自己的观点：洛阳的兴盛和衰败是天下治乱的标志，这是全文的"起"；第二层通过列举洛阳园圃在唐朝的兴盛后的倾颓为例，证明园圃的兴盛和荒芜是洛阳兴衰的标志这一观点，这一层是承接第一层观点的继续解读；第三层归纳前两层，说明自己写《洛阳名园记》是有价值的，转向文章创作之于当时北宋王朝的现实意义；最后一层是合，总结全文，告诫公卿大夫们要牢记历史教训。

示例：

魏则西留下的生命思考

（摘自《人民日报》）

白剑峰

大学生魏则西因罹患滑膜肉瘤，辗转多家医院治疗，病情不见好转。最后通过百度搜索到武警北京市总队第二医院，在花光东凑西借的20多万元后，仍不幸去世。此事引发全社会热议，掀起了一场舆论风暴。

点评：以简明扼要的文字，叙述魏则西因百度推介而人亡财失的遭遇，摆出文章要探讨的社会事件，显然，这是文章的"起"。

魏则西的遭遇，的确令人同情。这是一个典型

点评：这一段是话题的延伸，

的"中国式求医"故事：父母变卖家产，四处奔波，为儿子治病，最终人财两空。类似的悲剧屡屡重演，发人深思。假如一个人得了绝症，究竟该做出怎样的选择？是不惜一切代价治疗，还是顺应自然规律？这是每个人都无法回避的生命考题。

大自然有春夏秋冬，人有生老病死。医生无法阻止生老病死，就像无法阻止春夏秋冬一样。医生是生命花园里的园丁，只能让花朵开得更好看一点，仅此而已。事实上，人体是一个极其复杂的"黑箱"，恰如神秘而浩瀚的宇宙，人类对自身的认知尚处于初级阶段。尽管现代医学发展突飞猛进，但依然无法解决大多数疾病，尤其是恶性肿瘤。医生所有的努力都是在和"死神"讨价还价，力求延缓死亡的进程。医学是有限的，也是不完美的。虽然医者的技术追求是永不言弃，但这并不代表医者具有起死回生之力。因此，尊重自然规律，放弃不切实际的幻想，坦然地面对生与死，是最理性的选择。

医学本无"神话"，但偏偏有人编造"神话"，有人相信"神话"，甚至不知不觉地扮演"神话"中的主角。例如，很多身患绝症的病人，由于缺乏科学认知，总是希望抓住一根救命稻草，创造生命的"奇迹"。而这种"有病乱投医"的心理，恰恰让医疗骗子钻了空子。他们把生命当成生意，不惜重金占领搜索引擎入口，以精心炮制的虚假宣传为诱饵，大肆吹嘘"神奇技术"与"惊人疗效"，句句戳中患者痛点，使患者甘愿押上身家性命"赌一把"。这些医疗骗子往往证照齐全，资质合法，更具有隐蔽性和欺骗性。医院是真的，医生是真的，圈套当然也是真的。一旦有人上钩，他们便会假戏真做，把骗

在生老病死的自然规律面前，人们应该选择什么？怎么选择的沉重命题。自然，这是文章"承"的部分。

点评：从患者认知疾病、生死的角度及医疗发展现实的局限性出发，写作者明确了自己的观点与立场，那就是尊重自然规律，放弃不切实际的幻想，坦然地面对生死。

点评：这一段是文章的第一次"转"，照理说，抛出了明确的结论后，文章应该可以就此结束，但我们总觉得还缺了些什么？备受关注的社会热点事件引发全社会的热烈讨论，价值所在难道仅仅是对"百度所代表的商家的无底线、道德缺失"批判或"理性看待生死"这一就事论事的结论吗？这一事件的社会价值还没有得到充分挖掘，于是写作者将探讨导入更深的层次：政府职能部门监控的乏力。

术演到极致,直到榨干油水为止。有的把小病说成大病,一周能治好非要拖一月;有的把不治之症说成可以根治,"病很重,能治好,得花钱"成为标准的欺诳用语。在环环相扣的医疗"陷阱"中,很少有人侥幸逃脱。如此骗术充斥江湖,不仅损害了患者的利益,也吞噬了医疗行业的公信力,导致医患关系更加紧张。如果政府部门不拿出"刮骨疗毒"的勇气,放任"毒瘤"野蛮生长,必将贻害无穷。

提升全民科学素养是一个长期过程,而要避免人财两空的"魏则西式悲剧",更需要良好的医疗制度保障。魏则西走了,但医疗骗子并不会主动淡出江湖。如何不让下一个"魏则西"重蹈覆辙,是政府部门面临的重大课题。在欧美发达国家,每个人都有家庭医生。很多人从出生到离世,一辈子只找家庭医生。家庭医生成为医疗体系的中坚力量。这种健康守门人制度,有效解决了医疗信息不对称问题,患者不用盲目求医,自然也不会上当受骗。建立符合国情的家庭医生制度,让每位居民都拥有高素质的家庭医生,是终结悲剧的治本之策。当然,中国人太多,医生不够用,解决好这个问题需要一个过程。

点评:这一段在文中扮演了"二转"的角色,人性的弱点、监管的缺失是造成魏则西不幸的两大原因,而要纾解甚而解决这一问题,关键还在于建立一种更加合理、科学的医疗保障体系,并且写作者提出了切实可行的效仿欧美发达国家家庭医生制度这一对策。如此一来,"二转"的内容无疑使文章的内容更具现实的针对性。

魏则西,一个年轻生命的逝去,唤醒了整个社会的省思,这是不幸中的万幸。亡羊补牢,犹未为晚。愿魏则西事件警钟长鸣,成为推动医疗体制改革的一个新契机。

点评:末段是对全文的总结,也是对世人的警醒,更是对制度构建者提出的极具反思价值的追问,末段即全文的"合"。

习作展示:

2016年4月12日,物理学界"大牛"史蒂芬·霍金在新浪网开通微博,并发布了第一句问候。此后不到一天时间,他的粉丝量突破了200万,评论、转发和点赞数达数百万。由此,霍金也成了"网红"。

"霍金也成了'网红'"引发了你怎样的思考？请自拟题目，自选角度写一篇不少于 800 字的文章，不要写成诗歌。

"网红热"下冷思考

① 2016 年 4 月，物理学家霍金在开通微博后，不到一天时间便收获数百万点赞以及逾 200 万粉丝，华丽转身成为"网红"，引发社会热议。

点评：材料提供的信息量不是很大，写作者简明扼要地提炼归纳材料，抓住了材料，写作者关注的核心话题"霍金也成了'网红'"，也就完成了文章的第一个环节"起"。

② "网红"在互联网高度发达的今天，对大多数人早已不是新鲜的"潮语"。顾名思义，"网红"狭义为网络红人，现在被更广泛地用于指代引起热议与关注的以网络为媒介的事物与事件。霍金一句话就吸引如此之多的关注，是当之无愧的"网红"。

点评：本段承接核心话题"霍金也成了'网红'"，界定核心话题中的核心概念"网红"，值得肯定的是，写作者在"承"这个环节所定义的"网红"是以中性的、不置褒贬的态度来表述的，这就为后文的推进提供了更为开阔的思维空间。

③ 霍金能成为"网红"是有其原因的。一般现在的某人想成为"网红"，必先搞出能吸引眼球的大事情，语不惊人死不休。如早先时候放出豪言非美籍富豪不嫁的罗玉凤"凤姐"就是证明。而霍金老人家却是凭真正高深的学问引来关注的，他对宇宙起源与终结的研究，对黑洞模型的修正等贡献，为人类认识自然以更好地改造自然的初步探索提供了强有力的理论支持。

点评：在文章的第三、第四段，写作者完成了文意的第一次"转"的过程，转向原因的探究，霍金也成了"网红"的原因在于霍金的学术成就及其与命运抗争的勇气、毅力。

④ 同时，他还有一种不向命运低头的顽强斗志。确如帕斯卡尔所言，他不过只是一棵会思想的芦苇，然而他脑中思索的是整个宇宙，胸中激荡的是向往生命和自由的激流。他这种奋然扼住命运咽喉的伟岸、笑对磨难痛苦的睿智才是最终获得如此之多盛誉与敬佩的关键。

⑤ 由此观之，刨去凑热闹的围观人士，这一波"网红热"更像是年轻的心灵与伟大的心智的一次

点评：文章的第五段，写作者完成了文意的第二次"转"的

85

零距离接触。当十八岁遇上八十岁，当学界希望遇上昔日辉煌，会有多少懵懂的幼苗逢上宝贵的甘霖，多少年轻的心志被崇高的召唤所吸引。这样的对话宜越多越好、越早越好、越"热"越好。

⑥ 当然，这场盛会终究会落幕，而反观过去一次次"围观"，还是以吸人眼球的炒作行为居多。在这个人人都有成为网红的资本的时代，人人都需要被关注，希望从他人的评价与盛誉中证明自身价值。那么我们的社会很可能一步步走向娱乐至死的结局，如热力学第一定律所描述的，在宏大的热闹中沉寂，人人沦为娱乐的附庸。尼尔·波兹曼认为除了将文化用监狱紧锁，还有将文化变成人人皆可表演的舞台，以此表明人人皆表现自己的文化将毫无价值，这不能不引起我们的思考、警惕。

⑦ 雁过寒潭，雁去而潭不留影。有时我们无须事事留下"丰功伟绩"，给他人评述。只要清醒地认识自己的责任与义务，理智地使用社交平台，那么它将发挥积极作用，传播智慧与正能量。

⑧ 希望有更多"霍金"成为网红，更希望更多网红找到生活目标，成为更好的自己，成为自己的骄傲。

过程，转向现象背后的本质的探究，这个环节充分展现写作者思维的广度与思想的深度。

点评：文章的第六段，写作者完成了文意的第三次"转"的过程，转向了"网红热"的对立面"冷峻的思考"，这就使写作者思维的"辩证性""批判性"得到充分展现。

点评：全文的最后两段，自然是文章的"合"。在前文充分解读与剖析的基础上，写作者水到渠成地表达了自己的观点、立场与期冀，完美收官，全篇浑然一体。

【整体点评】

　　材料给出的意义单元并不复杂，难度并不大，当然只谈"网红"是不够的，必须注意霍金的特殊身份，考虑到这一点就可以在"起承转合"的舞台上尽情挥洒，一转而再转，丰富了内涵，拓展了深度。就本篇习作的行文而言，客观地讲，最大的借鉴价值在于清晰的架构以及超越同龄人的思维品质。

第三节　思辨与思辩推进文意

　　既能考察逻辑，又能展现理性，最佳的作文命题形式便是社会现象类的材料作文。几年来，上海卷的作文材料从不以具体事件的形式呈现，以免押题、套作，而能够体现人类共同价值观的母题的选择面其实很窄，通过训练，学生完全可能在较短时间内驾驭这一类型的材料作文题。

　　高中生已经具备了一定的逻辑思维能力，也有了辩证思维的意识，只是对现象的本质分析和原因的剖析还不够深入，导致文章单薄乏力，只能以"讲故事"方式凑字数。审题立意时，常会以"断章取义"的方式解读材料，导致"局部的真实"的后果，缺乏整体眼光，同时，短时间内谋篇布局的能力还有所欠缺。

　　在本章内容中，笔者希望紧紧抓住两个关键词与读者进行交流，第一个关键词是"辨"，材料作文信息丰富，存在诸多现象、概念、判断，姑且称之为"意义单元"，对写作者而言，首先要辨析所有的"意义单元"，抓住核心话题与材料进行充分的对话；第二个关键词是"辩"，自然是辩证的"辩"字，如第二章所言，世界不是非黑即白的，不是孤立存在的，世界上确实存在普遍的矛盾，但矛盾对立的双方是互补的、和谐的、同一的、转化的，所以对写作者来说，没有"辩证思维"的运用，文章是很难写出深度的。

　　撰写本章内容的具体目标：首先，希望读者对多意义单元社会现象类材料作文的形式有所认知与了解；其次，希望读者能够探寻、摸索并基本掌握审题立意的一些规律以及行文展开的章法；最后，希望读者能在审题的过程中自然而然地生成理性的、积极的价值判断的取向。

　　下面通过列举近几年的几篇上海卷高考作文原题与各位读者展开交流，我们的交流紧紧围绕"辨析意义单元"与"辩证思维"开展的。

　　审题立意的"辨"与"辩"（核心话题、探本究因、持有立场、辩证思维）

示例：

你可以选择穿越沙漠的道路和方式，所以你是自由的；你必须穿越这片沙漠，所以你又是不自由的。（2014年上海秋考）

人的心中总有一些坚硬的东西，也有一些柔软的东西。如何对待它们，将关系到能否造就和谐的自我。（2015年上海秋考）

预测，是指预先推测。生活充满变数，有的人乐于接受对生活的预测，有的人则不以为然。请写一篇文章，谈谈你的思考。（2017年上海秋考）

点评：

每年高考，语文学科一结束笔者就会找那些面带笑容的学生问作文题是什么。记得那几年学生们给我的比较普遍的回答"穿越沙漠、自由不自由""坚硬柔软、和谐"。2017年时学生的回答还是颇有些黑色幽默的味道："我没有预测到会考预测。"学生们给我的答复其实是他们潜意识里对材料核心话题的把握。

写作过程中，围绕核心话题展开与材料的对话当然没有错，但如果没有呈现全部的意义单元，文章肯定还是有瑕疵甚至有大漏洞的。例如，2014年高考作文题，回答穿越沙漠的，肯定没有扣准核心话题，谈自由的，如果脱离了前面的限制性条件，基本会流于空洞的说教，很难有哲理的深度。2015年与2017年与之非常相似。

我们发现，近几年高考作文题所提供的材料，含有一个或一组核心话题，同时兼具一系列子意义单元的社会现象类的材料作文，我们姑且称之为"多意义单元社会现象类材料作文"。限制语多，意味着审题立意需要考虑的因素也多。显然，在短短50分钟内拿出一篇佳作是有一定难度的。但绝不意味着写作者无可作为。

示例：

表格中展示的是写作者的下水作文，请阅读者加以点评。可以从审题立意、逻辑推进、语言风格等方面切入。

随着现代社会的发展,人们的生活更容易进入大众视野,评价他人生活变得越来越常见,这些评价对个人和社会的影响越来越大。人们对"评价他人的生活"这种现象的看法不尽相同,请写一篇文章,谈谈你对这种现象的思考。(2016年上海秋考)

评,还是不评,这是一个问题	笔者自评
数字时代,信息潮汐涌而至,网络达人忙着晒美食、晒宝宝,忙着秀恩爱、秀美颜,一时间场面热闹非凡,晒者,得意洋洋,评者,不亦乐乎	对材料所述现象以信息替代的方式来表达,点明材料的作用
评价他人日常生活的泛滥其实是情有可原的。一者,技术上的进步为之提供了有力的支撑;再者,他人的生活与自己的生活相比较,或迥然而异或近似雷同,于是乎抒发些出自好奇的感慨或感同身受的共鸣也是顺理成章的	从技术可行性的客观视角与心理需求的主观角度分析"评价热"背后的原因所在
当我们以冷峻的目光来审视这一波热潮时,我们无比忧虑地发现,浪潮所裹挟而至的,往往是世人浮躁喧哗的内心世界。此时此刻,评,还是不评,便成了一个摆在我们面前的严峻问题	进一步探究"评价热"这一现象的本质在于浮躁的时代风气同时点题
萨特说,存在即合理。此言不免武断,却也折射了某种社会发展的规律。眼前的这股评论大潮也未必如洪水猛兽般狰狞可怕。世人热衷于评价他人的生活,于是,必然产生分歧、产生争论,如果能在争论中弥合分歧,在争论中达成共识,那么评价他人的日常生活便具有无可估量的价值与意义。毕竟,应时而变的规则的构建,与时俱进的风气的传扬都有赖于此。如此潮流,我辈当投身其中,推波助澜	挖掘"评价热"消极影响背后的积极作用,当然这种正向的转变是需要一定前提条件为基础的。矛盾的对立统一使文章的初步立场具有一定的深度
思考无价值,则评价无意义。理想如此丰满,而现实如此骨感,我们满心期许世人通过评价他人的生活来反思自我的人生,从中获得经验,吸取教训,可是,呈现在我们眼前令人心寒的现实却多是对他人生活的说三道四、品头论足。一拥而上的捧杀,不分青红皂白的棒杀;剧情的反转、再反转一而再再而三地上演,令观者错愕;评论区荡涤不清的媚俗之气、暴戾之气,根源还是社会转型期一代人的躁动不安。这还不足以发人警醒吗?如此潮流,我辈当逆流而行	与假设前提成立的条件下积极的社会影响形成鲜明反差的普遍的当下时代的不良风气,引发阅读者的警醒

评，还是不评，这是一个问题	笔者自评
不珍惜是因为得到时太容易，这或许可以解释当下许多人评价他人生活时轻率草莽的心态。说出去的话，泼出去的水，轻点鼠标，指尖划过屏幕时，我们可曾考虑过影响？只管自己痛快而无所顾忌，无疑是极不可取的。在此，请允许我表达个人的看法：评价他人的生活时，请务必走心，请慎言，请直言	再次推进文意，肯定"评价"活动的价值，又提出具体明确的要求
其实，就评价他人生活所引发的思考远不止于此，理智与情感难以两全终将伴随文明前行的每一步，成为人类永恒的纠结	结篇：开放式的结尾为读者留下开阔的思维活动的空间

点评：

立意有深度，那是文章的灵魂；行文清晰明了，那是文章的骨骼。灵魂、骨骼兼具，文章不会逊色的。在并未告知学生习作为教师的下水作文的前提下，学生们对这篇文章的评价还是比较高的，认为立意、行文语言都有值得学习的地方，但作为写作者，笔者自己还是觉得这篇习作中训练的痕迹非常明显，虽然逻辑清晰，但有点匠气，少了灵动的飘逸和美感。

客观地讲，笔者的这篇下水作文对材料的核心话题的把握是准确的，以"评价他人的生活"为核心话题，意义单元无一缺漏。评价的是生活，而非具体的事件；评价的是他人的生活，而非某一个具体的人；把评价他人的生活作为一个整体而没有断章取义。就立意而言，这篇下水作文也是有一定深度的，材料中有这样一句话，"对个人和社会的影响越来越大"，影响可以是正面积极的，也可以是负面消极的，当大家的眼光局限于批评这种现象时，"通过评价他人来反躬自省"就挖掘出现象中的内在价值，就会超越大部分同龄人。以辩证的眼光来看待这一现象，立意就有了一定的深度。行文条理的清晰是这篇下水作文的另一优点，就这篇文章而言，无非由以下几部分组成，核心话题、原因剖析、推出结论（更有说服力）、畅谈对策，当然，你也发现，构成文章主体部分的是原因的推究，从客观到主观深挖原因，一分为二地剖析原因。

笔者回想当时写这篇作文时的一些想法,当时问了自己几个为什么。人们为什么热衷于评论他人的生活?再问:评价他人的生活有无价值?三问:我们如何评价他人的生活?追问:生活中我们如何对待他人的评价?多问自己几个为什么?态度、立场摆明,思考、认识讲清,文章自然有内涵有深度,同时也可以避免堆砌材料、痛苦地拼凑字数了。

示例:

　　高音喇叭声,鞭炮声,汽车行驶声……"关关雎鸠""逝者如斯""生存还是毁灭"……这些无处不在的声音,让当下的人们乐在其中。

分析:

材料作文的构思过程其实主要围绕着两个核心问题展开头脑风暴:材料的核心话题是什么?行文将如何展开?下面的文字就此展开探讨。

高音喇叭声,鞭炮声,汽车行驶声……现实生活中的声音;"关关雎鸠""逝者如斯""生存还是毁灭"……精神世界的声音。我们可以将核心话题归纳为:现实生活中的声音和精神世界的声音让当下的人们乐在其中。然后展开追问:为什么?现实生活中的声音,来自科技进步、来自世俗生活;爱情、时光、生命、宏大的命题,这些精神世界的声音让我们的审美能力得以提高,思想变得有内涵,这就是乐的理由。但是,直观感受,高音喇叭声、鞭炮声让人焦躁、厌烦,对"乐",我产生了强烈的质疑。而且,精神世界的声音也可能让人困惑,令人痛苦,这是不乐的理由。所以,从某种意义上讲,声音是时代投射于每个个体生命中的信息,触动着人们的感官与心灵。乐与乐、不乐与不乐、乐与不乐、不乐与乐;就有了四种可能性,你内心认可哪一种,你必然有很多话想说。辨别了所有的意义单元,辨认了核心话题,辨析了概念原因,你的文章自然就有了辩证性。这就是本节标题所说的辨与辩。归纳起来,"发展与喧嚣并存,宁静与躁动共现,如何在这样的时代自处,找寻属于自己的快乐",可能是命题教师最希望我们选择的话题。

至于行文如何展开,给读者提供一个参考:

围绕声音,抛出你的核心话题。(这一步其实很难)

讲清楚<u>声音的概念</u>：来自外界的信息、讯号，其内涵是十分丰富的。

进一步讲清楚现实生活中声音与精神世界中<u>声音的本质</u>，展现你的深邃的思辨能力。

（两类声音都是一分为二的）

（原因剖析绝对是全文主体，至少占据 60% 的篇幅）

强调：材料涉及的"意义单元"比较多，行文中一个也不能少。

<u>理智的态度是筛选并聆听有价值的声音</u>。（入世之心做事，出世之心做人）

此主题亦可

借助这个示例，以表格的形式，提供一种具有较强可复制性的思维路径：

核心话题	探本究因	持有立场	考虑思辨
明对象	抓根本	有主见	无成见

示例：

有些人学业似乎不佳，却是成功人士；有些人学业事业双丰收。

分析：

延续上一篇习作的分析过程，我们主要思考两个核心问题：（1）材料的核心话题是什么？（2）行文将如何展开？我们依旧围绕这两个主要问题展开探讨。

写作者确定自己想就什么话题展开探讨之前，务必先静下心来仔细审视材料，圈画出所有的意义单元，尝试着用一句话来概括或转化语言表达的方式材料的主要内容。不难看出，材料实际上给出了两类人或两种现象。两类人所指：有学业不佳的成功者，有学业优异的成功者；两种现象则为：学业不佳并不阻碍一部分人获得事业上的成功（学业优与事业成是对立的）；学业优异与事业成功可以并行不悖（学业优与事业成相辅相成）。因此，材料的核心落在"成功"两字上。命题教师最希望学生深入分析获得成功的因素，进一步讲，就是分析两类人各自成功的原因以及带给人们的启示。当然，两类人成功的原因有同有异，可谓同中有异、异中有同。

强调一点：材料是一个整体，你绝对不能片段式地加以解读，最典型的是"读书无用论"或"读书至上论",都属于1/2式解读材料。再强调一点:材料本身未设立场、不置褒贬,那么你就不能厚此薄彼、扬此抑彼。最典型的是"学业不佳的成功者才是成功者,而学业优秀的成功者则不值得一提"。

与上一则示例一样,给阅读者提供一种借以参考的行文推进思路:

（1）抛出核心话题（两者皆可成功）

（2）简明扼要地定义成功（领域的领军者、行业的佼佼者）

（3）分别分析两类人、两种现象的成功之因

（大时代、小人物;社会、家世、个人）

（知识本身对成功的推动作用;超越知识的因素对成功的推动作用）

（4）进一步分析两者共性的东西以及给人的启迪

（多元化的人才观、上升到评价体系、价值观）

（5）水到渠成地再次定义成功（自我价值的实现,做自己生活的主人）

（自然而然地拔高,展现思想的深度）

通过这则示例,我们能加强对社会现象类材料作文行文推进一般过程的认知,社会现象类材料作文一般而言在开篇部分就要点明材料的核心话题,继而分析造成这种现象的客观原因、主观原因,历史因素、现实因素,物质基础、精神建筑等,总之尽可能多元多角度地对原因进行剖析,当然原因解读是否全面与写作者的积淀有很大关系,接着写作者可以对话题的本质属性、适用范围进行探究,其实这也是概念界定的思维步骤,在此基础上我们可以生成初步的立场,行文至此还不足以展现写作者的思想深度,此时运用辩证思维的方式分析对立双方或隐藏的对立双方存在的统一性,由此可以再次生成判断、表达观点,从而实现立意的升华。需要提醒读者注意的是,行文推进的过程中必须与材料进行充分的对话,就像古人说的"心有猛虎,细嗅蔷薇",文章既体现宏阔的思维空间,又应该关注材料中每一个意义单元,做到无一缺漏。

习作展示:

有人说:"我们为什么要读古诗? 读古诗,是为了更好地做一个现代人。"你是否同意这一看法? 请写一篇文章,谈谈你的思考。

古诗之于现代人

有人说,我们为什么要读古诗?读古诗,是为了更好地做一个现代人。我赞同这一看法。古诗与现代人看似是两个被历史相隔的概念,但古诗对塑造现代人的精神品质,对成为更好的现代人有巨大的推动作用。

现代社会科技发达,经济水平不断提高,现代人欲望太多又太急切,日夜兼程地追逐利益时却忘了将精神境界提高到相同高度,甚至抛弃了许多珍贵的精神品质。古诗句虽精短,但包含古代诗人的博大胸襟与智慧,放在现代不仅适用,还有助于现代人完善自身的修养。

《中国诗词大会》《经典永流传》等节目的播出极大地说明了经典古诗词的重要性。让人感受到大多数现代人在物欲横流的生活中缺乏一些情感的体悟与表达,古诗能帮我们重新找回与领悟这些情感。"古道西风瘦马,夕阳西下,断肠人在天涯"这句话不带思念之词却读来让人感受到饱含漂泊在外的旅人对家乡的思念之情。"总为浮云能蔽日,长安不见使人愁"生动形象地写出了李白的忧国之心。古诗词代表的不仅是那个时代,更代表、传承了这些可贵的情感。心里担忧祖国、挂念家乡,自然会成为有远大抱负、拼搏向上的人,会重感情、有担当。读古诗,能做一个更好的现代人。

古诗中有许多开阔人的眼界、培养人的精神的宝贵财富。"天生我材必有用,千金散尽还复来",李白这句诗多能鼓舞身处窘境的现代人啊!使他

点评:在这则材料中,命题者最希望写作者就"古典诗歌对现代人、现代社会所存在的价值与意义"展开探讨,这也就是材料的核心话题。文章的第一、第二段对核心话题的把握直接而明确。在简要剖析古诗的精神内核与现代社会的发展需求高度契合的基础上,生成"古诗推动现代人发展"的初步论断。

点评:两段文字,抚慰现代人的心灵;树立现代人的文化自信,条理、板块很清爽,"引"的东西多了,有堆砌之感,类比、对比、假设,各种推理方式的运用明显单薄了,白璧微瑕。"析因"部分如果不够充分,不能做到言之有理、言之有据,拔高到"文化自信"这一层面就显得突兀而牵强,如果能把古诗之"美"、古诗之"真"讲透彻,也不失为佳作,这需要同学们对自己的能力进行评估,强行拔高有可能适得其反。

点评:这段文字,写作者进入辩证思维的环节,实事求是

们重拾信心,从头再来。"人有悲欢离合,月有阴晴圆缺",通俗易懂的句子让人明白了离合的常见,化解了心中对离别的悲伤。"结庐在人境,而无车马喧,问君何能尔,心远地自偏",简明扼要地说明了心境的力量。这些故事蕴含的财富能培养现代人至高的精神境界,让人真正明白和做到文化自信。

当然,读古诗包含益处却也不代表现代人都应沐浴焚香、钻研沉浸在古诗中。我们还是要适应现代生活,与时代接轨,多多了解现代的世界。读古诗应作为生活的调味剂及学习的辅助工具,在适当的时候拿来品味与体悟。

阿尔卑斯山下入口处的碑石上写着这样一句话:请放慢脚步,好好欣赏。古诗能塑造人的精神品质,让我们更好地做一个现代人,所以有时候我们应当放慢脚步,去学习、欣赏古诗的美。

地讲,作者所作的阐释、分析不是十分深刻,仅仅浮光掠影地解读了继承古典优秀文化只注重形式的问题,没有进一步深入对传统优秀文化的继承,关键在于选择出其与现代文明相适应的部分,提出重内核轻外壳的主张,是为遗憾之处。在此,姑且不说此段的内容是否精彩,但辩证思维的意识值得大家反思。

点评:所引"放慢脚步,好好欣赏",蛮有味道,余韵悠悠,所以最后一句话反而显得有些多余,删去,效果更佳。

【整体点评】

常有学生问,"老师,是开篇立论还是篇末给出结论?"个人意见还是倾向于篇末给出结论更佳。理由非常简单,我们认识事物的规律是由表象到实质,那么写作的推进过程为什么不能与认知规律保持一致呢?在充分阐述、分析、推理后,得出判断,不是更有说服力吗?

第 四 章

从证据到理由　从理由到观点

　　一般而言,学生读到一则写作材料,总是先有一个初步的观点,再思考有什么理由,然后往前推,寻找相应的证据,之后再反过来修正自己的观点,最后确定观点。这个思维路径保证了证据、理由和结论的支撑力度,也就是通过阅读写作材料产生感觉、形成看法、生成初步的观点,进而思考理由和观点的内在联系,继续反思并生成成熟的观点的思维过程。

　　从证据到理由,从理由到观点,完善的思维链条必须环环相扣、不可缺失,学生普遍的现状是直接以事实来支撑观点,具体表现为事例的堆砌、掉书袋式的用典,其实很多学生写的文章是没有理由的。我们首先要确立的概念是:观点要靠理由来支撑,证据不是理由,文章不能靠证据来支撑。一篇议论文,无论是从全文还是局部的段落来看,基本上是由证据、理由与结论呈金字塔式构建而成的。

　　一篇议论文的结论是否有说服力,我们至少可以从证据和理由两方面进行评判。证据本身的真实性问题:证据是否具体?有没有细节?证据的充分性问题:一个证据不能证明观点(所谓孤证不为证);证据是否恰当?证据和理由的相关性;证据能否更好?关于理由,主要思考理由是否成立?具体而言,单个理由本身正确吗?背后的逻辑、形成的判断是否正确?理由有没有相关证据的支撑?理由能否支撑观点?一个理由够吗?理由是否充分?

　　缜密而严谨的思维品质绝非一朝一夕可以达成,证据、理由、观点,构成金字塔式的结构,观点的成立,建立在证据是否真实,真实的证据能否推导出合理的理由,合理的理由能不能支撑起观点。无论是写作者自己还是阅卷者,评判一篇议论文从证据到理由再到观点的推进是否合乎逻辑,至少可以在两方面加以评估。首先,可以着手分析证据与理由之间的适切性如何,证据的类型丰富多样,支撑观点的理由也不止一条,证据所阐发的理由很可能与支撑观点所需要的理由匹配度不高,甚至"风马牛不相及"。其次,可以着手分析理由与观点之间是否存在相关性,判断理由能否支撑起观点,主要通过评估理由是不是结论的原因或必备的前提,如果理由与观点之间不能构成因果关系或理由不是结论的必备前提,那么理由往往是不能支撑观点的,至少是不能完全支撑或直接支撑观点的。

在本章内容中,笔者围绕三个话题与读者进行交流,它们分别是"证据和证据的运用""从证据到理由""从理由到观点"。其实,无论哪一个话题,关注点基本上着眼于行文推进过程中符合逻辑的原则。

第一节　证据和证据的运用

我们都知道,议论文有三要素,论点、论据和论证。所谓论点就是作者持有的立场、所要表达的看法和主张。论据是证明论点的证据,它可以是事实,也可以是理论,写作中常以具体的事例或统计数字为事实论据;常以前人的至理名言、民间的谚语和俗语、科学上的公理和定律为理论论据。所谓论证就是证明论点的过程,其目的在于揭示论点和支撑论点的理由以及支撑理由的论据之间内在的逻辑关系。作为一篇议论文逻辑推理链条上的第一环,证据所扮演的"基石"的角色是不言而喻的,证据的真实性、恰当性、充分性,对议论文而言是相当重要的,本节内容,我们主要就证据的运用与读者进行交流。

证据的类别其实不止"事实"与"理论"这样一种分类方法,从它与论点间吻合与背离的关系我们还可以将证据分为"正面"与"反面"的不同视角,同时,单独一条证据几乎不可能涵盖论点的各个维度,所以证据群可以从不同的角度提供支撑观点的理由。事实上,在议论文的写作过程中,证据的运用往往是综合性的,所谓"孤证不立",讲的就是这个道理。

示例:

孟子曰:"桀纣之失天下也,失其民也;失其民者,失其心也。得天下有道:得其民,斯得天下矣;得其民有道:得其心,斯得民矣;得其心有道:所欲与之聚之,所恶勿施,尔也。//民之归仁也,犹水之就下、兽之走圹也。故为渊驱鱼者,獭也;为丛驱爵者,鹯也;为汤武驱民者,桀与纣也。今天下之君有好仁者,则诸侯皆为之驱矣。虽欲无王,不可得已。//今之欲王者,犹七年之病求三年之艾也。苟为不畜,终身不得。苟不志于仁,终身忧辱,以陷于死亡。《诗》云:'其何能淑(善,好),载胥(相)及溺。'此之谓也。"(怎么能好呀,只不过一个接一个落水罢了)

　　孟子所说的这段话要阐述的论点是:得民心、行仁政者得天下。在这段话语中,孟子使用的论证方法是比较多元的,我们先分析证据的使用。在这段话中,孟子使用了两个证据:其一,以桀纣因失民心而失天下的事例为事实性证据;其二,引用《诗经》中的话语为理论性证据,阐明不行仁政就会灭亡这一支撑观点的理由。进一步分析,在列举事实性证据后,孟子又从正面指出得天下在于得民心,由此反推,事实性证据是从正面为论点张本的。同样,所引理论性证据是从反面进行论证的。正反结合、不同类别证据的综合使用有效地增强了论证的有效性。

　　证据的运用是论证过程中极为倚重的方法与途径,证据的运用又与逻辑推理密切相关,而最常见的逻辑推理形式,也是中学生日常写作过程中最常用的,如"类比推理法""演绎推理法""归纳推理法"等。

　　类比推理就是根据两个或两类事物在某些属性、特点上的相同或相似,推出它们在另一属性、特点上也相同或相似的推理过程。我们所熟悉的"王顾左右而言他"的典故就是典型的类比推理法的运用。"孟子谓齐宣王曰:'王之臣,有托其妻子于其友而之楚游者,比其返也,则冻馁其妻子,则如之何?'王曰:'弃之。'曰:'士师不能治士,则如之何?'曰:'已之。'曰:'四境之内不治,则如之何?'王顾左右而言他。"(《孟子·梁惠王下》)从这则典故中,我们可以清楚地看到,类比推理法是一种从个别事物到个别事物的推理方法,颇有些"项庄舞剑,意在沛公"的意味。

　　示例:

　　孟子曰:"桀纣之失天下也,失其民也;失其民者,失其心也。得天下有道:得其民,斯得天下矣;得其民有道:得其心,斯得民矣;得其心有道:所欲与之聚之,所恶勿施,尔也。//民之归仁也,犹水之就下、兽之走圹也。故为渊驱鱼者,獭也;为丛驱爵者,鹯也;为汤武驱民者,桀与纣也。今天下之君有好仁者,则诸侯皆为之驱矣。虽欲无王,不可得已。//今之欲王者,犹七年之病求三年之艾也。苟为不畜,终身不得。**苟不志于仁**，终身忧辱，以陷于死亡。《诗》云：'其何能淑（善，好），载胥（相）及溺。'此之谓也。"（怎么能好呀，只不过一个接一个落水罢了）

前文我们已经借助这段文字解读证据应用的规律，其实在这段文字中，类比推理法也是有代表性的。孟子以水就下、兽走圹类比百姓得仁；以獭为渊驱鱼、鹯为丛驱爵类比桀纣为汤武驱赶百姓；孟子又从反面论证，以积累艾类比积累仁，推断得出不行仁政就会覆灭的结果。这几组类比的巧妙运用，正是建立在"比"与"被比"双方之间在行为及结果上的相似这一基础上的，由此可以进一步加深我们对类比推理法的理解，类比推理（类比论证）就是比较分析两个或两类事物的共同点，据此推论出它们可能还具有另外的共同点，从而论证了文章的中心论点或分论点。当然，用这种方法推出的结论，会有或然性，还需要用实践来检验。例如，今日的经典大抵是往日的流行，但今日的流行能否成为明日的经典呢？未尝可知。但是，用这种类比推理法可以向人们预示"可能性"，激起人们努力尝试争取成功的热情。同时，类比推理（类比论证）往往用通俗易懂的事或形象生动的事物去论证人们不熟悉的、抽象难懂的道理，因此可以深入浅出地论证论点。

示例：

"世上没有一片荆棘单是为你铺设的，也没有一朵花单是为你开放的"，对此你有怎样的感想，请写一篇800字以上的文章谈谈你的思考。

解析：

"世上没有一片荆棘单是为你铺设的，也没有一朵花单是为你开放的"这句话语中包含隐喻，"荆棘"与"鲜花"各有所指，"不单为你铺设"与"不单为你开放"的意味也颇为深长。写作者要将话题从鲜花、荆棘切换至自己的生活进而从自然引申至人文，无疑需要在两者之间架设起"桥梁"。单就这则材料而言，就很适宜运用类比推理的方法来构思全文的逐层转化与推进。为此，笔者拟写了一个开篇，在这个开篇中各位读者可以清晰地辨别出审题立意过程中运用类比推理法的思维路径。"一路走来，我们遭遇荆棘，我们邂逅鲜花，人人如此，并无二致。（引）//世界本就那么公平，拈花时的得意，棘刺时的失意，那是自我的迷失，都不免显得有些理性的缺失。（析）//生命，必然经历其必然经历的一切，何不顺其自然呢?"(立)鲁迅先生说,人生不如意十之八九,顺逆起伏是生命的常态,坦然、淡然、顺其自然,不失为生活的智慧,得意时不可张狂,失意时也无须慌张,如此而已。当然,顺其自然也不是我们逃避现实生活重重压力的借口,更不能妨碍我们有所作为的勇气与信念。

演绎推理是从已知的一般性原理推出个别性论断正确的一种方法,演绎推理法有多种形式,但最重要的是三段论。三段论由大前提、小前提和结论三部分组成。在约瑟夫·海勒的《第二十二条军规》中有一段精彩的、三段论式的悖论用于讽刺战争行为的荒诞。大前提是"疯子可以停止飞行,但是他必须提出申请";小前提是"而他一旦提出申请,则证明申请人不是疯子";结论为"飞行员必须飞行至死"。这个例子从形式上而言是比较符合三段论的推理过程的,但是,一般情况下,演绎推理更多的是从一般原理出发,推导出关于个别情况的结论,其前提和结论之间的联系是必须存在和具有的。所以,演绎论证基本上用于以正确的理论或公认的原则、原理、定理、定义作大前提,来证明论点所提倡方法的正确性、有效性和可行性的论证方法或推理方法。

示例:

人为什么要讲道德
李义天

④ 提出后面这个问题并不会让人感到愉快,但它必须得到严肃认真对待。这不仅因两个问题其实是"一体两面",更是因它们共同向我们揭示了一个事实,即道德乃是生活在一定社会环境中的人们的反思和选择的产物。人类并非天生完美,更谈不上是一种始终向善的生物。资源的有限、利益的排他、人情的纠缠,往往会影响我们,使我们即便懂得了道德的知识和原则,也依然不能按照这些知识和原则所提出的道德要求来行动。所以,我们不是"天生地"或"必然地"就生活在一个道德的世界中。我们赖以存在的道德世界,以及我们具体实施的道德活动,实质上,全是我们在"讲道德"与"不讲道德"的两可之间经过权衡、反思而选择了前者的后果。这恰恰表明,人是具有能动性的自由存在者;道德是奠基于自由意志和自由选择的产物。相应地,"讲道德"成为人这种生灵不仅显著而且引以为豪的标志,也正

103

是因它构成对人性本质的展示和呈现。

　　所节选文章的第④段是如何证明"道德是奠基于自由意志和自由选择的产物"的呢？文本中双下画线部分以人类并非天生完美，会受利益、人情等影响的一般事实证明了人类不是"天生地"或"必然地"讲道德的，也就是指出人类有逐利的本能这一公认的事实。文本中点画线部分指出，人类如果讲道德，那一定是经过权衡、反思后选择的结果，这种选择道德的行为表明人类是具有能动性的自由存在者。从而证明，道德是奠基于自由意志和自由选择的产物。这是一则典型的以公认的事实为大前提来证明结论正确、有效的三段论式演绎推理进行论证的范例。

　　归纳推理是一种由个别到一般的推理方法，它通过许多个别的事例或分论点归纳出它们所共有的特性，从而得出一个一般性的结论。在中学阶段，我们一般使用不完全归纳推理法中的简单枚举法来论证观点、得出结论。例如，吉林的乌鸦是黑的，贵州的乌鸦是黑的，福建的乌鸦是黑的，云南的乌鸦是黑的，甘肃的乌鸦是黑的，而吉林、贵州、福建、云南、甘肃都是中国的领土，所以中国的乌鸦都是黑的。这个例子所运用的就是简单枚举法，简单枚举法是以经验的认识为主要依据，根据一类事物中部分对象具有某种属性，并且没有遇到与之相反的特例，从而推出该类对象都具有某种属性的推理方法。经由简单枚举法得出的结论是具有或然性的，但是这一方法在行文推进的论证过程中依然具有积极的作用，不仅因这种方法使用起来十分简便，更因枚举的样本数越多、涵盖面越广，文章的观点还是能在很大程度上得以论证的。

示例：

不当诗人但要有诗意

钟　远

　　如今，诗人是越来越少了。"实惠"的现实生活，一步步地逼着诗人改行，让诗坛寂寞，让读者另寻新欢。我曾经写过诗，爱过诗，尽管早已搁笔，但我特别喜欢台湾诗人余光中的一句名句：一个人可以不当诗人，但生活中一定要有诗意。诗意，与一个人的地位学识无关，更与财富尊卑无涉。山间樵夫，水上渔翁，因为心无羁绊,常可以诗意盎然,而达官显贵,则常常因心为形役而显得枯燥,了无生趣。诗意,依我所见,就是真爱、真恨、真喜、真悲、真性情。

真爱。曹植的"愿为西南风,长逝入君怀"是真爱;李商隐的"春蚕到死丝方尽,蜡炬成灰泪始干"也是真爱。爱得缠绵,爱得真切,爱得如泣如诉。雷锋的"唱支山歌给党听,我把党来比母亲"是真爱;孔繁森把藏族老阿妈冻僵的脚放在怀里暖,是真爱;焦裕禄顶风冒雪给孤寡老人送去粮食,也是真爱。爱得深沉,爱得执着,爱得动人心弦。

真恨。岳武穆的"壮志饥餐胡虏肉,笑谈渴饮匈奴血"是真恨;吉鸿昌临刑前写下绝命诗"恨不抗日死,留作今日羞。国破尚如此,我何惜此头",恨得气壮山河,死得富有诗意,虽然感动不了蒋介石,却感动了整个中华民族。

真喜。杜工部"剑外忽闻收蓟北,初闻涕泪满衣裳。却看妻子愁何在,漫卷诗书喜欲狂"。那是真喜,经历了"烽火连三月"的"安史之乱",更能体会到太平生活的难得。

真悲。眼见统一无望,陆放翁凄惶《示儿》,"死去原知万事空,但悲不见九州同",是真悲;台湾被割一年,丘逢甲触景生情,酿成《春愁》,"四万万人同一哭,去年今日割台湾",也是真悲;"寻寻觅觅,冷冷清清,凄凄惨惨戚戚",山河破碎,亲人去世,独守孤灯淡酒,纵是一向坚强的李清照,也不免真苦难忍。

真性情。陶渊明不为五斗米折腰,是真性情;曹丕为悼亡友学驴叫,是真性情;鲁迅先生"横眉冷对千夫指,俯首甘为孺子牛",是真性情;彭老总庐山会议上为民"鼓与呼",更是真性情。宋人张孝祥,举进士第一,上疏请昭雪岳飞,为秦桧所忌。有人劝其不要性情太露,张回答得十分痛快:"无性情我举进士干什么? 有性情却要藏起来我举进士干什么? 知秦桧当政,我怕他我举进士干什么?"这三问酣畅淋漓,回肠荡气,古今一切性情中人,当为此浮一大白。

诗意贵率真,不做作,不矫情,不虚伪,不浮夸,就如山间明月,江上清风,自然本然。所以,人,不能个个都大富大贵,大名大利,但却能人人都活得有诗意。只要真诚地拥抱人生,热情地投入生活,就能像海德格尔说的那样"诗意地栖居"。

点评:读罢,掩卷,生活的诗意和诗意的生活是文章留给读者最深刻的主题认

105

知，给人一种直击心灵的碰撞与震撼的感受。真爱、真恨、真喜、真悲、真性情，作者从这五方面展开述说，典型、充分的事例令读者直观明了地接受了写作者对爱、恨、悲、喜与性情的感受，不同角度、不同年代、不同地域的事例经归纳，读者对爱、恨、悲、喜、性情的概念有了全面而深刻的理解，进一步归纳，爱、恨、悲、喜与性情的上位概念"诗意"便呼之而出。这篇文章运用大量的典故、引用大量的诗句，但是读者读来并没有生发出"掉书袋"的厌弃，反而能真切地体会到写作者的一片坦荡赤诚之心。笔者评价这篇文章将归纳推理法中的简单枚举运用到了极致，奔腾而来的情感激荡一波又一波汹涌而至，感人肺腑、发人深思。

第二节　从证据到理由

　　"理由"一词的解释是"事情的道理、根由",在写作过程中,无论是运用事实性证据还是引用理论性证据,目的就在于以证据所蕴含的道理来为观点提供支撑。而证据所提供的理由能否有力地支撑观点,在多大范围、多大程度上支撑观点,就必须导入"适切性"这一概念,这里所说的"适切性",是指观点与理由之间适合、贴切的程度。

　　示例:

　　判断一个人的历史功过,主要看他在社会中所处的地位和他所发挥的作用。

　　梁武帝信佛教,有极深厚的宗教修养,写过不少佛教经典注释流传于世。他坚持素食,营养不良,操劳过度,面黄肌瘦。有人奉劝他,作为皇帝,职责是使老百姓安居乐业,生活富足,不在于"辍半日之餐,全一禽之命"。梁武帝如果不在皇帝的位置上,作为一个虔诚的佛教信徒,他的行为值得称赞;作为皇帝,他是个亡国之君,不合格。与梁武帝情况类似的还有宋徽宗赵佶,他绘画、书法都是一流的,可以传世,踢球的技术也不错;就是把国家弄得一团糟,成了亡国之君,也是不合格的皇帝。

　　刘邦与项羽争天下,两军对阵,项羽用刘邦的父亲为人质,胁迫刘邦屈服;如不屈服,就油锅烹死刘邦的父亲。刘邦说,我们曾经结为兄弟,"我父即尔父,若烹太公,幸分我一杯羹"。刘邦为了争天下,可以不管父亲的死活。刘邦成了汉朝开国之君,他的政绩比秦朝好。后人没有深责刘邦的不孝。俄国的彼得大帝是一个有为之君,对俄国的发展起过推动作用,但他非常好色,然而历史学家对他这点采取宽容的态度,未加苛求。

　　人们对千百年前的历史人物,可以看主流。对古人的主要贡献、历史作用给予通盘考虑是通常采用的方法。因为时隔多年,古人的小失误已不再发生影响,留存下来的是他们对社会发生影响的那部分。如明代著名书画家董其昌为人不是很好,纵子横行乡里,但几百年来,人们还是承认他的书画成就。

点评:这篇文章开篇立论,抛出全文观点,并且用了四个封建帝王和一个文人的证据来为观点服务,但是读来并不感到重复累赘,这是为什么呢?因为这些证据从不同角度为观点提供了理由,从而充分严密地支撑了观点。五个证据中前四个是中外的封建帝王,说明对执政者而言,主要看政绩。或者这样说,前四位封建帝王,两位是反面的证据,两位是正面的证据,说明对执政者而言,主要看政绩。而列举董其昌这一证据,则说明文人名士主要看他们的作品对后世的影响。或看政绩,或看作品,均属于文章核心观点中"古人"概念的范畴,表面上看起来写作者在堆砌证据,但实际上写作者所列举人物的属性是不同的,可见写作者的用心处在尽可能地做到证据与支撑观点的理由之间彼此适切。

示例:

艺术美在推动社会前进方面,具有特殊的价值。艺术美虽然有供人消遣、娱乐的一面,但更重要的是,它负有推动社会前进的特殊使命。朗吉弩斯说:"艺术作品不仅打动听觉,而且打动心灵,能把人的禀赋和修养中那些文辞、思想、行动,以及美的意象都鼓动起来,把作者的情感传到听众的心里,引起听众和作者共鸣。就是这样通过由文辞建筑起来的巨构,作者把我们的心灵完全控制住,使我们受到作品中的崇高、庄严、雄伟等品质的熏陶,潜移默化。"艺术美能征服人心,鼓舞人心,使人们奋发向上,以达到推动社会前进的目的。

解析:

分析本段文字的内在逻辑,我们可以清楚地看到它是由立论、阐述、结论构成的。写作者的观点是"艺术美负有推动社会前进的特殊使命",引用朗吉弩斯所说的话作为理论证据,最后强调观点"艺术美可以推动社会进步"。这段文字的观点是否具有说服力,关键在于引用的理论性证据在话题范畴上与支撑观点所需的理由是否适切。引用朗吉弩斯的话,阐述的是艺术美对个人品质提升的作用,个人品质的提升与推动社会进步间有何关系,写作者没有作进一步阐述,所以这段文字的论证是不充分的,不充分的原因就在"适切性"的问题没有做好、做到位。

　　第二节内容我们始终围绕着证据的适切性展开,这是证据最终推动观点成立的根本性要求,换而言之即为证据必须是有效的。我们接着要考虑的便是有效的程度如何,首先必须做到证据的话题范畴务必保持与理由的一致性,对写作者而言,在日常阅读积累的过程中,可以有意识地对证据的适用性加以剖析、确立,养成良好的思维习惯。下面以沿袭至今常用的若干古诗文为例,用表格的形式,给读者提供一些直观的范例。

　　示例:

古诗文名句	适用话题
天行有常,不为尧存,不为桀亡	辩证
天下之难事,必作于易;天下之大事,必作于细	知行
一叶蔽目,不见泰山	明察
大厦将倾,非一木所支也	事理
皮之不存,毛将焉附	事理
城门失火,殃及池鱼	事理
父母常失,在不能已于媚子	伦理
一腔热血勤珍重,洒去犹能化碧涛	报国
些小吾曹州县吏,一枝一叶总关情	为民
不蜚则已,一蜚冲天;不鸣则已,一鸣惊人	建功
居高声自远,非是藉秋风	崇德
勿以恶小而为之,勿以善小而不为	修养
人而无信,不知其可也	正己
己所不欲,勿施于人	待人
宁与燕雀翔,不随黄鹄飞	尚节
千磨万击还坚劲,任尔东西南北风	磨砺
清风两袖朝天去,免得闾阎话短长	守廉

古诗文名句浩如烟海，博大精深，所说之理、所抒之情、所言之志，难以道尽。不过，表格中所列举的诗句还是能带给我们一定的启发，只要稍作思量，读者便可以察觉表格中最后七句古诗文，其实均属"修身"的概念范畴，但是这七句古诗文具体的话题指向彼此之间又有所差异，这就提醒写作者：行文中所运用的证据与支撑观点的理由在对象、性质、范围、程度等方面都需要关注彼此间的适切性问题。

行文推进的过程中，对证据的运用，许多写作者存在着"不敢用""不会用"的情况，在许多人将"思维品质"狭隘地解读为思维的深化与辩证的前提下，部分写作者认为证据的运用有损文章的品质、格调，于是不敢用证据来支撑理由，进而阐明观点；"不会用"则是缘于部分写作者片面地将运用证据理解为只是简单"讲故事"而已，由此导致的后果又加剧了"不敢用"这一现象的发生。

毫无疑问，证据最终是服务于观点及态度的，日常学习过程中，很大一部分学生对证据的运用，或多或少存在着不以为然的态度，大家普遍的看法无非就是"证据嘛，古今中外而已"，问题果真这么简单吗？

例如，我要论证"立志是成功的前提"这一观点，我可以引用曹雪芹"有志者，事竟成，百二秦关终属楚；苦心人，天不负，三千越甲可吞吴"的名句，我还可以列举王冕学画、司马迁著史、王献之练字等典故。但是，果真这么写的话，就确乎只是在"掉书袋"，堆砌素材，拼凑字数。作出这一负面评价的理由非常简单，无论是事实性证据还是理论性证据，我所引用、列举的证据重叠性太强，而且角度单一。我们可以一目了然地看到这些证据其实都属于同一性质，即历史上的文化名人因立志而有所成就。如果事实性证据和理论性证据的范围能超越"历史"与"文化"的局限，进入"当下""科学""哲学"等领域，证据将更为丰富，对论点的支撑力将更强而有力。也就是说，证据的运用绝不是空间横向或时间纵向的铺排，而是多方位叠加，各种类别的证据涉及不同的视角、不同的立场、不同的后果等，不一而足，角度的差异造成理由的区别，而不同的理由与观点之间未必存在关联性，由此可见，充分的证据所阐明的恰当的理由才能最终对观点形成强有力的支撑。

况且，同一维度的证据不能形成彼此间的互补，写作者会产生质疑，还缺少哪些证据，如何弥补？从这一角度思考证据的应用，选取彼此对立的证据不失为简便又可行的应对之策。例如，我要论证"理性的纪念才是正确的纪念，理性让纪念闪

耀出人性的光辉"这一中心论点,我可以选取一组一正一反、对照鲜明的证据。具体内容如下:

黑格尔曾经自夸德国人天生就是哲学家。然而,就是这样一个天生严谨自律的民族,却在一个狂人的引诱下,陷入了战争的渊薮。人们难以忘记的那幕惨剧:生灵涂炭、妻离子散、血流成河……生者在对往事的审视中找到道德的标杆,也找到了纪念的理由。德国人修建集中营纪念馆,全力处理战后的善后问题,还有那德国总理在犹太人纪念碑前的惊世一跪!德国人在不断地反思,不停地纪念,终于完成了灵魂的自我救赎。德意志民族向世界展示了理性的力量,也赢得了世人的尊敬!//但纪念一旦脱离理性的制约,它就会变成不可控制的魔鬼。日本在那幕惨剧中同样扮演了不光彩的角色,作为亚洲地区的主要刽子手,日本犯下的罪行罄竹难书。往者已矣,大和民族的纪念却是如此这般:右翼势力大肆鼓吹"中国威胁论",还妄图为"二战"罪行翻案;不顾史实修订历史教科书,文过饰非,美化侵略罪行;更有首相一年一度的靖国神社"拜鬼"……日本这种偏离理性范畴的"纪念"活动,自然受到各国人民的一致谴责。有句话说得好:"跪着的德国人比站着的日本人更高大!"可见,理性的纪念才是正确的纪念,理性让纪念闪耀出人性的光辉。

为了让证据的运用达成"适切""充分"的效果,写作者必须进行一场场"头脑风暴",而相关的思维活动有助于写作者思维品质的提升,所以不断进行"如何让证据更充分"的思维探究从长远来讲也是有利于写作者长远而可持续发展的。

笔者所说的"证据的充分性"是建立在证据本身是真实的、有效的,同时表达也是清晰的这一前提之上的。笔者希望读者能理解"证据充分"的必要性,掌握使证据更加充分的思维路径与方法,从而有效地增强文章的说服力。

就像"冷"和"热"很难用一个确切的数值评估一样,"充分"一词类似于数学学科所讲的"模糊概念",能使读者信服,能让读者不产生质疑,就是我所理解的"证据的充分",当然,这也与读者的认知水平、理解能力相关。或者说"证据的充分"是我们希望达到的目标,证据的数量是否充足,质量是否优质,是我们评判"证据是否充分"的标准。证据能否全方位、多侧面地为观点提供支撑的理由,做到多元视角、多层次;尤为关键的一点在于证据必须与理由之间建立起逻辑上的关联性,如因果关系、必然条件等。

示例：

　　唐诗曰："一叶落而天下知秋。"宋诗云："春色满园关不住，一枝红杏出墙来。"对此你有什么感想，请写一篇800字以上的文章谈谈你的看法。

山水人文看华夏

　　千年万载，华夏一直在吟啸着，那吟啸声便回荡在千般丘壑，万斤巨澜，亿万个炎黄子孙的心中！古老苍劲的民族啊，历经多少个春露秋霜，那啸声已是那么沧桑。现在，我要撷取你残留的袅袅余音，来窥得你的全部……

　　在那荒无人烟的西北边塞，阳关一直静默着，那是一种无言的哀悼，或许它脚下的万千坟茔中的枯骨也在静默吧，没有乌纱封妻的奢望，只是一介布衣养家糊口的企盼。然而走到了这里，在中原慈母的白发中，在江南春闺的遥望中，在湖湘稚儿的夜哭中，走到了这里！为的就是一个完整的疆场，为的就是一方子孙的净土，为的就是一个昂然挺立的民族！他们甘愿终身为夷，甘愿暴骨沙砾。在这里，我看到了华夏你的惨烈决绝与刚强。

　　悠悠，不尽长江滚滚流。是的，长江一直在流淌着，如此之长，横亘着中原。然而，在时间上，它似乎更长，贯穿整个历史。在长江的上游，有刘备白帝托孤的眼泪，也有李白扬帆荡桨的身影。或许，刘备与李白完全是两类人，一位是争逐天下的君主，另一位则是周游天下的诗人。帝王将相自成其盖世伟业，贤士诗人自成其千古文章，然而，长江以它的广博容纳了一切。在清晨迎接李白嘹亮的吟唱；在傍晚又迎接刘备疲惫的马蹄。在这里军事与文辞交融，征服与解脱交融！在这里，我看到了华夏你的宽容与博大。

　　最后，我漫步走在江南的古镇，莼鲈之思和那个桃花流水的童话，或许已成为每个华夏儿女的情结，在这里，有人选择了隐逸。"大隐隐于市"，于是，就把自己完全消融于锅碗叮当声中，把自己完全消融于杂货俗物叫卖声中，而这里温柔的小桥流水，温柔的炊烟老屋，这里淳朴的乡亲邻里，也都欣然接受你的到来。然而，古镇，也有难以捉摸的一面，便如白发苏州的那个复社，以及那篇脍炙人口的《五人墓碑记》。在这里，我看到了华夏你最深处的温柔忍让与爆发。

华夏大地山川秀美,人文醇美,在这小小的一山一川、一人情一风俗间便倒映着华夏的全貌,让我们透过山水人文,去窥得华夏母亲的容颜。

点评:文章颇有诗意,并不是典型的一般意义上的议论文,但透过优美的文字,写作者的观点、立场还是十分鲜明的,即"华夏山水"不只是自然山水,更是"人文山水"。为此写作者撷取了三个富有代表性的山水人文景观来讴歌华夏民族的精神风貌,从"荒无人烟的西北边塞",到"悠悠不尽的长江",再到"江南的古镇",写作者向我们展示博大深厚的华夏文明"惨烈决绝与刚强""宽容与博大""温柔忍让与爆发"。这些对中华民族精神的高度概括体现了写作者不凡的概括力和开阔的历史视野。"惨烈决绝与刚强""宽容与博大""温柔忍让与爆发"既是隐形结论的充足理由,也是判断"华夏山水"是"人文山水"的原因,从中可见,充分的证据为理由提供了强有力的支撑,进而为结论的成立提供了强有力的支撑。总之,这是一篇理性与感性交织、交汇、交融的优秀习作。

然而,现实情况是为数不少的写作者往往习惯于先进行观点、立场的表达,然后直接以证据的罗列试图来证明观点,他们往往忽略了证据所阐明的理由才是对观点的有力支撑。所以,造成的后果常常是写作者所选择的证据不能最终证明观点或者不能充分证明观点。证据要充分,必须做到数量足、质量优。证据只有一个显然是不够的,孤立的证据对理由的支撑力度不够;同时,证据的种类多种多样,如数据、名家话语、文献、个案等,不同种类证据中的每一种均既有先天的优势又有先天的不足。而且,写作者既可以站在支持的立场寻找证据,也可以站在反对的立场寻找证据,即便同一立场的证据,侧重点也会有所不同。所有这一切,都令我们质问自己,还需要补充证据吗?我们希望学生生成、内化这样的原则:我们选用证据既要考虑证据在种类、角度方面的多元立体,更要积极思考如何调用不同类别的证据来彼此互补,从而使证据更加全面。形象地讲,我们所列举的诸多证据,最终建造起的应该是拔地而起的建筑群,如同"众星拱月"一般,而非一所所彼此割裂的孤立的建筑物。当然,凝练的语言组织与表达,措辞与语气留有余地,是对证据运用的更高要求,它将使理由更具说服力。

第三节　从理由到观点

　　部分学生的议论文写得不好,固然有很多原因,但很重要的一点,对这部分学生来说,他们的逻辑思维能力有待提高是迫切需要纾缓、解决的当务之急。逻辑思维能力并不是数学、物理等理科学科的专属品,实际上,逻辑思维能力对语文学习,对语文学习中的议论文写作而言是非常重要的。新课程改革强调四个核心素养,四个概念的核心部分就是逻辑思维——语言、思维、审美、文化。语言是基础,思维是核心,是核心之核心。听、说、读、写的能力是对语言提出的要求,写作当然属于其中的一项技能,而技能的核心部分正是逻辑。

　　完善的思维链条的每一环本身应该是完整的,关于理由我们要考虑理由是否成立? 具体而言:单个理由本身正确吗? 背后的逻辑、形成的判断是不是正确? 理由有没有相关证据的支撑? 理由是否与观点构成因果关系? 一个理由够吗? 理由是否充分? 假设某个观点的理由是成立的、正确的、充分的,写作者依旧需要在理由到观点之间构建起完整的逻辑推理过程,进而达成理由支撑观点的目的。写作者面临的难点在于原有的理由可能不成立、不正确或不充分,这样一来就有必要对原有理由加以反驳,对前提、原因、影响等诸多方面予以质疑,从而补充、修正理由。而要实现这一目标,写作者需要运用逻辑思维、逆向思维、批判思维,进行大胆质疑,通过缜密的思维与严密的推理完成对原有理由或观点的修正与补充。

　　我们知道,一篇合乎逻辑的议论文由证据、理由和观点三部分组成,一系列可靠的事实证据和理论证据夯实了论证金字塔的底层基石。这些证据通过归纳、演绎等逻辑方法支撑起理由后,理由才能支持观点。在前两节内容中,我们已经讨论了从两方面入手检验一个理由是否成立:理由本身是否合理? 理由是否有恰当的证据的支撑? 那么,质疑紧随而来,是否证据真实,理由本身合理,理由就一定能支持观点吗?

　　在解决了证据的真实性问题、理由的正确性问题、证据与理由的适切性问题、证据与理由的充分性问题后,对议论文写作我们还有更高的自我要求。那就是一篇优秀的议论文必须逻辑清晰,能够形成完善的思维链条,所谓完善的思维链条要求写作者必须做到从证据到理由,从理由到观点的环环相扣,不可缺失。在本节内容中,笔者主要通过对《不要让阴柔之风席卷大众》这样一篇习作的解读,就如何解决写作过程中理由与观点"断链"的问题,从而使整篇文章内在的推进更合乎逻辑、路径清晰、浑然一体。

示例:

> 有人说,人生本来就是不完美的,人的一生就是使自己变得更加完美的过程。也有人说,人生本来就是不完美的,刻意追求完美本身就是一种不完美。你有什么想法,请写一篇800字以上的文章,题目自拟。

习作展示:

大成若缺(二类上)

关于完美,见仁见智,其实,在我看来,完美无关乎结果,而只关乎内心,仅此而已。

点评:材料希望写作者就完美与不完美的辩证统一性展开探讨,本文开篇处即开门见山地抛出立论点明两者关系:"或许缺憾也是一种完美。"下文便开启了论证的过程。

诚然,人们生来就在追求卓越、追求完美,每个人都渴望完美的人生。然而,完美与不完美本身就是一种辩证统一的关系,在缺憾中体现完美,在完美中发现缺憾,大成若缺,十全九美,或许缺憾也是一种完美。

著名雕塑"断臂的维纳斯"在创作之初,本是有手臂的,但创作者发现此时无论如何都不如没有手臂时更加协调。"断臂的维纳斯"的美世人皆知,她的完美正体现在这一缺憾中。多少年来,无数雕刻家都曾尝试使她变得更"完美",但无一成功,因为这一行为本身就意味着一种不完美。所以,缺憾中也孕育着完美。

点评:写作者运用了"断臂维纳斯"这一事实证据,其实写作者自己未必意识到真正支撑观点的并不是事实证据本身,而是事实证据所阐明的理由,"完美维纳斯"的手臂破坏了雕塑整体的协调,即从反面证明了观点"缺憾也是一种完美",从而使整个段落形成了有人会说，这不过是一个特殊的意外，对我们大部分人来说总可以通过自己的努力而变得更为完美。然而，如罗曼·罗兰所说的："世间有两种遗憾，一种是没有完成后的遗憾，另一种是完成后的遗憾。"当我们在不断追求完美的过程中，刻意追求，倘若追寻不到便会产生追寻不到的失落；倘若寻找到了完美，又失去了不断寻求的勇气与动力。从某种意义上说，这又何尝不是一种不完美。

更进一步，世间好物不坚牢，彩云易散琉璃脆，刻意追求的"完美"又能保存多久？等到这种所谓的"完美"消失时，我们还会有勇气去寻找新的完美吗？历史上多少文人墨客在少年或中年不断追求完美，过着近乎完美的人生，饱读诗书，名震一方，执着博取功名。但是，这种看似完美的生活又能持续多久，当考场上的失意，官场上的落魄接踵而至，多少人因此而消迷一生，唐寅、柳三变……不胜枚举。在刻意追求完美的过程中，他们失去了对抗缺憾与打击的勇气。

冯至说："一段美的生活，无论是为了生或是为了死，为了爱或是为了恨，都无异于这样一个抛掷，在陨落中有坚持，在停留中有克服。"真正的完美绝不是我们在追求的某个事物，这不过是过眼烟云，而是我们不断追求这一姿态。或许我们会有寻而不得的缺憾，但获得了过程上的完美。过程往往比结果更为重要。

大音希声，大象无形，大成若缺，缺憾或许也是一种完美。

完整的逻辑推理的链条——证据到理由，理由到观点。

点评：在这个段落中，写作者使用了理论性证据，罗曼·罗兰关于完美的感受对比鲜明，展现明显的辩证思维的意识，同上一段落一样，支撑观点的并不是理论性证据本身，而是理论性证据阐明的理由，负面情绪促成了完美向不完美的转化，进而证明"缺憾也是一种完美"的观点。但是，逻辑上这个段落还是有断裂的，"追寻不到完美便会失落"，这种缺憾为什么是一种完美呢？写作者没有讲清楚。建议再次强调、补充"完美无关乎结果、只关乎内心"这一前提，可以使逻辑链条更加严密、环环相扣。

点评：本段的逻辑链可以视作全文第三、第四段的翻版，证据的涵盖面越广，视角越多元，理由便更加充分，观点就能得到更强有力的支撑。

点评：最后两段点题，照应开篇，再次强调观点，因本节内容重在"理由到观点"完整逻辑链的解说，故不再赘述。

示例：

　　野地里的树，生机勃勃，但是由它自由生长，最后可能成为一堆劈柴。公园里的树，几经修剪后看上去赏心悦目，但是可能就缺少个性和活力。对此你有什么想法，请写一篇800字以上的文章，题目自拟。

习作展示：

从心所欲，不逾矩（一类下）

鸟儿可以高飞，但飞得太高也会因缺氧而陷入险境；鱼虾可以在海中畅游，但进入深海也会受不了海水产生的巨大压强。我们可以发扬个性，但绝不能逾越规则。

野地中的树生机勃勃，但就像我们在无拘无束中成长一样，不知礼法，空有个性；公园里的树赏心悦目，但就像我们在名著与公式中成长一样，没有人味，空有理论。所以，对于自身的发展，应该识人又识礼，在不逾越的情况下发展自身。

现代的各种工具为我们提供充足的学习渠道，媒体的发达更是丰富了我们的资源。在各种条件具备后，还要定下规范，在规范内进行选择。社会已给出了充足的自由与规范，法度给了我们界限，古人的礼法给了我们规范。有了各方面现成的条件，我们不用等到七十，也可以达到"从心所欲不逾矩"的境界。此时的境界，既让人拥有个性与活力，又让人看起来"赏心悦目"，同时，还避免了被群体淘汰，成为"劈柴"。

在快速发展的现代，以礼仪和法律规范自身，同时个性发展已略显不足，虽然前人留下的文化都

点评：写作材料是隐喻性质的，其实命题人希望写作者围绕张扬个性与遵从规则这一对表象对立的概念展开探讨，写作者的态度立场很明确，规则看似是对个性的束缚与阻碍，但事实上规则并不妨碍个性的发展，反而能塑造一个人更加健康完善的人格。

点评：写作者并没有运用某一个明确的事实性证据或理论性证据，而是以更为宏阔的眼光从历史到当下，从法律到道德，多维度展示规则之于我们生活的存在，其实这就是证据，是这个段落论证逻辑链的起点。这些广义的证据阐明了什么理由呢？规则下的生活自洽与成人成才是可以共生的，这是本段落论证逻辑链的途径点，目

是精品,国家的法度也是经过多方审核后发布的,但社会在进步,法律也有不足之处,外界的规矩始终只是个大框架下的标准,想要规范和个性共有,还须有自身的努力和约束。例如,烟酒,律法没有禁,只是进行了"酒驾"和"公共场合吸烟"等限制,但我们自身的规范却不能降格得如此之低,我们应当忌烟酒。

从孔子的各种记录来看,孔圣人知礼法又明智,他从不限制门下弟子的言论,发扬弟子们各自的言论,而孔圣人被人称为"丧家犬"时也未曾"逾矩",只是笑笑,甚至评论此形容为"形象"。列举孔子并非为了说明什么,在"不逾矩"的情况下发展也只是保证自身的正确发展。这么做,我不能下定论会成为孔子那样的圣人,但这却是一条正确的道路,这么做的圣人不只孔子一人,以后这么做的人也不会少,"从心所欲不逾矩"是一种学习与生活的态度,它"不为尧存,不为桀亡"。

我明白自己应该在制约中获得自由,这也是我的生活态度。不逾越,不拘束,我就会过得很好。

点评:标直指全文观点:人生当从心所欲不逾矩。

点评:法律与道德是随着时代发展的,所以论点的"基石"——证据是一个"变量",证据的外延在变化,但其内涵并没有变,依旧是"规则",只是规则在与时俱进而已,这一前提下,作为"变量"的证据所支撑的理由也没有变,故而"人生当从心所欲不逾矩"的结论并没有被削弱,反而得到增强,因为这种处世态度是经得起历史考验的。

点评:这个段落在重复之前的论证过程,没有将视野拓展开来,有点白璧微瑕吧。

点评:照应开篇,再次强调观点,使文意首尾环合。

示例:

近年来,越来越多妆容精致、连女生都自叹弗如的男明星进入了大众视野。对此有人认为任其发展将败坏世风人心,有人则认为不必过于担忧。你有什么想法,请写一篇800字以上的文章,题目自拟。

习作展示:

不要让阴柔之风席卷大众

"小鲜肉"一词作为网络词语,本指年轻俊美的男性。但近几年,部分男明星以中性化甚至女性化形式进入大众视野,世人谓之"小鲜肉","脂粉气重""娘炮"等批评声渐起,"小鲜肉"蔚然成风成了人们争论的一个话题,褒贬不一。我以为,外表如何打扮是个人选择,但不要让"小鲜肉"之风席卷大众。

"小鲜肉"是娱乐公司、媒体以盈利为目的打造的商品。"小鲜肉"的兴起也就短短几年的时间,受到日韩流视觉系、"男团"等的影响,国内的娱乐公司顺势打造了一批妆容精致的年轻男性偶像明星,吸引了众多粉丝。粉丝的审美取向决定了"小鲜肉"的外貌、行为等诸多特点,他们甚至被赋予各种"人设"以更好地满足粉丝的审美需求。如今,电影、电视剧、广告及各种食品包装袋上都已随处可见"小鲜肉"们的面孔。娱乐公司包装一批批的"小鲜肉"明星,来供应市场,吸引粉丝,再制造更大量的粉丝,从而谋取更大的利益。

如今,眼球经济大行其道,电影、电视、广告及各种食品包装袋上都已随处可见"小鲜肉"们的靓丽面孔。风起于青萍之末,"小鲜肉"之风的盛行归根结底源于娱乐公司、媒体对经济利益的追求。商人的眼光是十分敏锐的,当年"韩流"滚滚而来,催生了一大批粉丝。娱乐公司和媒体立刻从中嗅到了巨大的商机,投其所好、推波助澜,顺势打造了一大批妆容精致的"小鲜肉"明星,进行商品化包装和运作,赚得盆满钵满。于是乎,"小鲜肉"的追逐者和打造者完美地成全了彼此,不知这是时代的幸运还是我们的不幸。

中性化及女性化外表的明星活跃于生活的

119

方方面面，必然会对心智还不够成熟的青少年产生影响。青少年喜欢模仿，他们的审美取向很容易受到潮流的引导。在他们心里，既然明星都是这样的，这就是大家都认可都喜欢的。女生会对这种现象习以为常，男生可能会去模仿，若是一代代的孩子都受到这种风气的影响，以阴柔为美，没有了阳刚的男性的存在，对社会的正常发展想必是一个很大的冲击。"小鲜肉"能引起这么大的争议，正说明作为社会公众人物，他们已经有了不小的社会影响力，他们的一举一动都会受到大众的关注，尤其对青少年会产生巨大的影响。

爱美之心人皆有之，男儿究竟能不能爱红妆我们暂且不论。我们应该尊重每个人的审美取向和价值观。"泰山不立好恶，故能成其高。"开放的、多元的现代社会对不同的文化、不同的声音应该有包容的态度。但是，这不等同于任何一种潮流，我们都可以任其发展，尊重不等于推崇。一个社会、一个时代应该有主流文化的引领，正如再和谐的交响乐也有主声部的引领。"小鲜肉"的争议，反映的是大众审美的走向，一个社会的主流价值观向何处去。这不仅是文化问题，更是值得整个社会深思的。

种下龙种，可能收获跳蚤；但是，种下跳蚤，是很难收获龙种的。因此，不要让"小鲜肉"之风席卷大众，更不要让大众的头脑成为各种掺杂着商业利益的潮流时尚的倾销地。

解析：

文章的观点是"不能让男性阴柔之风席卷大众"，用于支撑这一观点的理由是"阴柔之风的盛行源于娱乐公司、媒体对经济利益的追求"。细细品来，这条理由是无法支撑观点的，至少是无法直接支撑观点的，问题出在哪里呢？显然，问题在于理由与观点之间缺乏紧密的、内在的关联性，也就是说从理由到观点的逻辑推进过程中存在思维链条上的断裂，需要补上其中缺失的环节。事实上，在文中写作者也提及"妆容精致的男明星群体是商业化包装的产物，不是男明星的自我选择""这种商品化运作为娱乐公司和媒体赚取了巨大的经济利益"。从某种意义上说，被包装得十分阴柔的男明星也是这种风气的受害者，可见对经济利益的追求的确是阴柔之风的根源。如果把这些内容加入推论中，能否得出"不能让男性阴柔之风席卷大众"的结论呢？事实上加入这些内容，依旧推导不出结论。那么，问题又出在哪里呢？文章的观点既然认为"不能让男性阴柔之风席卷大众"，那么必然是"男性的阴柔之风"存在危害，而这种危害才是作出"不能让男性阴柔之风席卷大众"这一判断的理由。所以，如何由证据推导出这方面的理由才是写作者必须仔细考量的。

议论文写作追求论证过程清晰的逻辑，既然是逻辑，数学推导的方法就完全可以为写作所用，本来，学科之间就是彼此相通的。初中数学"怎样证明三角形内角和等于180度"的推导过程可以给我们的写作提供很大的启发。由过顶点作平行于底边的平行线，进而以平行线"内错角相等"的前提，建立起一连串的"因为……所以，因为……所以"，最终得出我们要证明的观点。如果我们省略"内错角相等""平角为180度"两个步骤，"三角形内角和等于180度"的证明过程依旧可以进行下去，因为"内错角相等""平角为180度"是我们默认的常识。但是，议论文写作与数学定理的证明还是有所区别的，议论文写作的过程中，涉及常识、事实等为大家公认的内容，常常被我们省略，但恰恰这些我们忽略的内容是不宜省略的，尤其是个人主观的推想判断，更不能省略，否则就会出现理由和观点之间断链的现象。"阴柔之风的盛行源于娱乐公司、媒体对经济利益的追求"之所以不能证明"不能让男性阴柔之风席卷大众"这一观点，正是因为逐利的行为并不是论点的前提，也就是说，我们要让论点成立，必须补充前提，前提就是之前所说的"男性阴柔之风盛行"的危害。

　　"男性阴柔之风盛行"的危害在哪里呢？归根结底在于违背天性,违背天性所带来的一系列影响必然造成自然规律遭到破坏,那么个体生长于这样一个社会,人性本身的发展规律也就受到了伤害。《易经》里有一段专门讲阴阳的论述:"刚柔交错,天文也。"刚,就是阳刚;柔,就是柔美。有阳刚的,有柔美的;有强的,有弱的;有好的,有坏的;有长的,有短的……这样的交错,就构成自然。所以天地也分阴阳,就是乾坤,这就是自然本身。有些人偏偏要把刚的变成柔的,那是违背了自然规律,违背了人的本性。于阴柔之气的男性而言,去除了"刚"意味着性别认知的异化,自我认知的扭曲;于受众而言,"审美情趣"的异化也罢,"价值观扭曲"也好,于己于人都是"不要让阴柔之风席卷大众"的直接理由。简而言之,男性阴柔之风的弥漫,违背了人的天性与自然规律,于己无益,于人有害。如此一来,逻辑就合乎情理了,对经济利益的追求致使公司、媒体对男性的阴柔之风刻意引导、推广,被包装得无比阴柔的男性成为资本逐利的牺牲品,整个社会也在为此付出代价,或将付出更多、更长远的代价,所以不能让"男性的阴柔之风席卷大众"。文意如此这般逐层推进,才构成了清晰又完整的思维链条。

　　回顾以上的分析,我们是怎样完成思维链条的补充进而使之完整而顺畅的呢？我们是站在反驳的立场上进行质疑,这样的质疑不是树立一个相反的观点,然后从另外一个角度来论证,而是站在作者的角度,在内心赞同他,然后协同他一起来证明这样一个论点。当我站在作者一方思考理由与观点间的关联性时,总觉得其中少了点什么,缺了一点东西,我当然会提出疑问。就这篇习作的第 2 段来说,质疑集中在追求商业利益和不应推广之间没有必然的联系,那么,要让理由能支持观点,还需要补充什么？我们可以深入思考如下几个问题:(1)娱乐公司和媒体追求盈利没有问题,但是"只"追求经济利益是否可以？(2)如果认可娱乐明星是商业打造的产品,那么它和其他追求经济利益的商品是否完全一样？有什么不同之处呢？(3)作者反对阴柔之风的盛行,是在反对娱乐产业的商业化运作吗？连续的追问将思考的对象不断地指向具有阴柔之气的男明星身上,他们作为生命个体,他们作为公众人物,在这波席卷大众的男性阴柔化的潮流中,他们获得了什么？他们失去了什么？作为公众人物,他们对青少年、对时代、对社会有怎样的影响？在个性张扬备受推崇的当下,他们是否有无可推卸的社会责任呢? 当写作者在脑海中生成这一系列问题的答案后,基本就找到了"不要让阴柔之风席卷大众"这一论点的直接理由,而且找到的理由一定是合理的和有说服力的。

写作者在从证据到理由、从理由到观点的行文推进过程中,尤其在从理由到观点的行文推进过程中,之所以会产生逻辑链断裂的现象,基本是由于写作者有意无意地忽略了不可缺失的必备前提,出现缺失必备前提的表达这种现象,基本上是写作者犯了"想当然"的错误。需要强调的是,写作者必须把自己认为理所当然,而在文字中没有呈现出来的内容,在推理过程中表达出来。而议论文写作之所以提倡批判性思维,目的就在于帮助写作者去发现那些没有写而应该写出来的东西,因为每个人的价值判断是不一样的,你认为理所当然的东西或假设,别人未必认可。写作过程中矛头应该指向没有写出来的东西,所以,写作者脑子里的东西必须写出来,也就是语言和思维的统一,语言是思维的外显,思维是语言的内核,思维上的缜密必须通过语言呈现给读者,读者才能从写作者严谨的语言中去发现文意思维的缜密,从而达到议论文说服他人赞同己方观点的目的。

从理由到观点,逻辑思维所展现出的,是理性的力量,这种能力的获得绝不是可望不可即的,通过训练是能够获取、提高的。表格,作为一种思维的工具,一种思维路径的展示形式,在我们获得这种能力,提高这种能力的过程中,作用明显。当有形的表格化作无形的思维习惯时,意味着写作者,或许更应该称为思考者吧,已然实现了思维品质的跃升。下表所展示的,即为从理由到观点的表格工具。

观点	理由	理由是否支持观点? 如果不能,可提出什么质疑?	对理由进行补充修正

第一个好处，表格工具可以提供方法、提供路径，短时间内写作者可能发现不了理由和观点之间距离有多远，那么可以站到反驳的立场去质疑。一定要驳倒它，一定要发现它的不足或瑕疵，经过这样的思考后，也许会清楚这个理由还要做哪些补充，所谓"因为……又因为……还因为……"，而在补充的基础上，能够进行梳理、提炼、概括，最后进行修正。反驳、补充、修正，是方法，也是思维的路径。第二个好处，当然是可复制，它促使写作者的思维必须按照这个路径走，而不是跳跃式的，有了这张表格，就得这样走。也许有一天写作者可以跳步，但是今天必须这样走。并且把思维过程中的收获记录下来，便于进一步修改文章。如果它有用，它会印到写作者的心中，有朝一日，没有这张表格，也无关紧要，因为彼时已化为一种习惯。

第 五 章

证明、反驳与论点的表述

　　议论文三要素大家都很熟悉，论点、论据和论证，写作者在文章中需要证明什么称为论点，写作者在文章中用什么来证明论点称为论据，写作者在文章中是怎么证明论点的或写作者证明论点的过程称为论证。可见，论点是议论文核心的核心，写作者通过各种方法、方式的运用，各种结构类型的安排，以符合逻辑的顺序选取论据来证明观点，由此我们进一步发现论据和论证都是为论点的被证明服务的。

　　作为写作者，下笔之前已然生成了自己独立的判断、立场，是为论点，写作者可以从正面证明自己的论点，也可以借由反驳与自己的论点相左的论点来间接证明自己的论点，可见，反驳其实也是一种证明。反驳的渠道是多元的，既可以反驳论点，如说论点是"以偏概全"，也可以反驳论据，如说证据阐明的理由与论点之间没有相关性，还可以反驳论证，即揭示对立论点在论证过程中逻辑上的漏洞或谬误。

　　证明与反驳的目的在于确定写作者论点无可辩驳的正确性，那么论点在文章的什么位置提出更加恰当呢？所谓兵无常势，水无常形，文无定法，写作者的论点可以在文章的任意位置提出。常见的有两种：开篇开门见山地提出或篇末总结点出。开篇立论也罢，篇末结论也好，本身并无优劣之分，写作者可以根据实际需要"因地制宜"地处置，合适的就是最好的，至于说"合适"的标准是什么，单就社会现象类材料作文而言，材料提供"价值判断"相对适合开篇立论，材料提供"事实判断"则更适合篇末结论，当然这也是一种经验之谈，极为粗略的分类。写作材料中含有"价值判断"，那么写作者首先表明自己赞同或反对的立场，继而证明自己立场的正确性或反驳对方立场的错误不失为明智的写作策略；写作材料中含有"事实判断"，那么从界定概念开始，经由对现象原因、本质的探究，在与材料进行充分深入对话的基础上，逐步地推导出最终的结论恐怕就更加合适。其实，无论是采用开篇立论的方式表达观点，还是篇末结论的方式表达观点，总的原则是别无二致的，那就是以符合人们认知事物的规律来安排行文的排布。

　　论点的表述，除了论点本身是逻辑严密的，是不存在悖论的这一基本的思维品质的要求外，论点的正确性、深刻性与见解独到则体现了对写作者思想水平的要求。此外,论点的表述对语言表达的要求还是很高的,简洁、严谨又不失形象、传神可谓之"文质彬彬,然后君子"。说到语言,我们希望一篇议论文的论点表述是"文质兼美"的,其实,对写作者在证明与反驳过程中的语言运用也有同样的期冀。

第一节　证明与反驳的多种方法

　　议论文写作的目的在于阐明己方的判断、态度和立场,让读者接受自己的论点,要达成这一目标,主要有两种途径,其一,正面证明自己论点的正确性,是为立论;其二,反驳对立论点的错误性,是为驳论,两者看似背道而驰,其实本质属性是一致的,反驳究其根本而言还是证明,前者只是从正面证明论点的正确,后者从反面证明对立论点的错误。

　　在议论文写作的构思阶段,写作者面对材料所提供的现象,认真思考后产生自己的判断,继而寻找支撑自己判断的理由,接着寻找支撑自己理由的论据,而写作的流程与构思环节的思维过程不尽相同,或论点—论据—理由,或论据—理由—论点。写作流程与构思环节的思维过程虽然并不完全契合,但内在的逻辑是相同的,那就是论据支撑起理由,理由支撑起论点,这是最为常见的行文内在的逻辑推进,也是最为常见的证明论点的思维路径。这种证明论点的方式最为关键的要求便是合乎逻辑,从论据推进到理由必须符合逻辑,从理由推进到论点同样需要符合逻辑,从论据到理由再到论点之间必须建立起完善的逻辑链条,况且证明论点的理由是多角度多侧面的,相应的支撑相关理由的论据也就显示出多元性与丰富性的特征。如此一来,理由与理由之间,论据与论据之间,必须建立起内在的关联,必须是符合逻辑的,经得起推敲的。(论据、理由、论点在下一章中将详细展开。)

　　谈过正面证明后,我们再来简述反驳,写作者可以转换视角、另辟蹊径,通过驳斥对立论点的不成立来间接证明己方论点的正确性。有效、有力的反驳必须做到有的放矢,其基础就是质疑,质疑的对象就是写作者的反驳点。写作者可以质疑论据及论据的真实性、针对性、充分性从而判断其有效与否与有效的程度;写作者也可以质疑论证过程,主要是文章推进的过程中是否存在逻辑上的漏洞和逻辑链上的缺失,抓住了论据和论证过程的瑕疵或不足,也就成功地驳斥了对立的论点,最终达成间接证明己方论点正确性的目标。写作者的质疑点还可以着眼于立论点本身,对立论点是否以偏概全,对立论点是否契合写作材料所提供的情境,对立论点的表达是否符合逻辑都可以细究一番。

简而言之,彼方的论点、论据、论证都可以成为己方"驳"的目标,在中学阶段,"驳"主要采用的方式还是以形式逻辑为思维工具,最具代表性的例子就是论据所支撑的理由与论点的适切性问题。当然,形式逻辑也存在着一定的局限性,希望通过思维的形式来了解思维过程的全貌是难以完全达成的目标的。所以,"驳"的过程中写作者还需要辩证逻辑的积极参与。

示例:

中国人失掉自信力了吗

鲁 迅

从公开的文字上看起来:两年以前,我们总自夸着"地大物博",是事实;不久就不再自夸了,只希望着国联,也是事实;现在是既不夸自己,也不信国联,改为一味求神拜佛,怀古伤今了——却也是事实。

于是有人慨叹曰:中国人失掉自信力了。

如果单据这一点现象而论,自信其实是早就失掉了的。先前信"地",信"物",后来信"国联",都没有相信过"自己"。假使这也算一种"信",那也只能说中国人曾经有过"他信力",自从对国联失望之后,便把这他信力都失掉了。

失掉了他信力,就会疑,一个转身,也许能够只相信了自己,倒是一条新生路,但不幸的是逐渐玄虚起来了。信"地"和"物",还是切实的东西,国联就渺茫,不过这还可以令人不久就省悟到依赖它的不可靠。一到求神拜佛,可就玄虚之至了,有益或是有害,一时就找不出分明的结果来,它可以令人更长久地麻醉着自己。

中国人现在是在发展着"自欺力"。

"自欺"也并非现在的新东西,现在只不过日见其明显,笼罩了一切罢了。然而，在这笼罩之下，我们有并不失掉自信力的中国人在。

我们从古以来，就有埋头苦干的人，有拼命硬干的人，有为民请命的人，有舍身求法的人……虽是等于为帝王将相作家谱的所谓"正史"，也往往掩不住他们的光耀，这就是中国的脊梁。

这一类的人们，就是现在也何尝少呢？他们有确信，不自欺；他们在前仆后继战斗，不过一面总在被摧残，被抹杀，消灭于黑暗中，不能为大家所知道罢了。说中国人失掉了自信力，用于指一部分人则可，倘若加于全体，那简直是诬蔑。

要论中国人，必须不被搽在表面的自欺欺人的脂粉所诓骗，却看看他的筋骨和脊梁。自信力的有无，状元宰相的文章是不足为据的，要自己去看地底下。

点评：鲁迅先生的论点是"中国人没有失掉自信力"，反驳了某些人"中国人失掉了自信力"的看法。鲁迅先生是怎么反驳这部分人错误观点的呢？我们先来看看这些人判断"中国人失掉了自信力"的依据是什么？他们的依据是"两年以前，我们总自夸着'地大物博'，是事实；不久就不再自夸了，只希望着国联，也是事实；现在是既不夸自己，也不信国联，改为一味求神拜佛，怀古伤今了——却也是事实。"只要证明对方判断的依据是错误的，那么对方建立在错误依据之上的论点自然就是错误的，鲁迅先生言辞犀利地指出对方所依据的事实只能证明中国人曾经有过的心态只是"他信力"而非"自信力"，这种"他信力"又发展为"自欺力"，"他信力"与"自欺力"又怎么能证明"中国人失掉了自信力"的观点呢？通过反驳论据，鲁迅先生对对方错误的论点进行了有力的驳斥。

示例：

宽容地看待克隆技术

何祚庥

克隆技术是"可怕的事情"吗？首先要声明一下，我不是生物学家，实在没有资格谈克隆技术问题。不过，由于这一新技术在报端"炒"得十分热闹，我也就此跟踪了一番。现在已经肯定的科学事实是，已经出现了"克隆羊"和"克隆猴"。但是，新闻爆炒的内容是"克隆人"。由"克隆羊"到"克隆人"，恐怕在技术上还有相当一段路要走。不过，新闻界是敏感的，有些具有"超前"意识的"忧世之士"也是敏感的。如某哲学家在中央电视台的《实话实说》的节目中说："最可怕的事情终于出现了!"但很奇怪的是,一些政治家,包括某些国家领导人,竟然也如此起劲地参与"忧心如焚"的"忧世之士"的行列,却是我们这些科学技术工作者所始料不及的。

克隆"希特勒"是可能的吗?反对发展"克隆人"技术的一个重要理由,是如果克隆出"希特勒",那可不得了!其实这是"杞人忧天"的一种思维模式。人有自发性和社会性两重性质,而更重要的是人的社会性。德国之所以会出现希特勒,这既和当时德国的内部情况有关,也和"二次大战"前的国际经济、政治的状况有关。一些生物学家甚而认为,即使对"生物人"来说,克隆技术"充其量也只能制造出一种类似的复制品,绝对不可能复原出与供核蓝本各个方面都惟妙惟肖的人体",因为"最初的核外环境的差异""子宫内和整个母体的环境和生理条件""核外遗传因素""都影响着发育中的克隆",甚而"有决定性的影响"。所以,不仅仅"克隆希特勒"是不可能的,"克隆 10 个乔丹"恐怕也是妄想。双生子,其性格以及所走道路上的差异可以迥然不同,这已是历史所确认的事实。

"克隆人"会引起复杂的伦理学问题吗?反对发展"克隆人"的另一个理由是"无性繁殖复制的人体,将彻底搞乱世代的概念。他们与细胞核的供体既不是亲子关系,也不是兄弟姐妹的同胞关系。他们类似于'一卵多胎同胞',但又存在代间年龄差。这将在伦理道德上无法定位"。所以,"要防止复制人的工作,我们中国科学家绝不能做这方面的事"。我以为这是真正的"因噎废食",其实,在伦理学上提出新问题的,首先是"试管婴儿"。因为这带来了"遗传母亲、孕育母亲和养育母亲"以及"遗传父亲和养育父亲"的复杂性。但是,自 1978 年 9 月英国第一例"试管婴儿"路易·布朗诞生以来,到 1985 年,这类婴儿总数已超过 700 万人,虽然已出现了某些伦理纠纷,但并没有出现对社会发展造成严重障碍的伦理纠纷。我们的伦理学家也没有感到不能解决这些纠纷。更何况,"克隆婴儿"比"试管婴儿"还减少了一种复杂性,那就是可以只有"遗传母亲",或只有"遗传父亲"。难道我们的伦理学家竟然笨拙到没有能力来解决这些伦理问题?

"克隆人"会终止人类多样性进化的可能吗?反对发展"克隆人"技术的又一理由是"克隆"技术仅是"复制",而"两性"繁殖将出现基因的新的组合。因而克隆技术将"终止了人类这种多样性进化的可能,也就终止了人类社会的发展,最终导致人类自身的毁灭"。其实,在"进化"式"发展"的概念中,有两重含义:一是由于基因的重组,的确会出现多样化的变异,但是这种变异不一定是正向变异,也可以是逆向变异;所以,生物包括人类的进化,还要通过选择,即筛选出有利于生存发展的那种变异。过去,这种筛选是通过竞争式竞赛来实现的,而现在就可以通过克隆技术来促进人类向更有利的方向去变异。所以,这既不会妨碍人类多样化的发展,更不会出现某些耸人听闻的"危言",什么"最终导致人类自身的毁灭"。

克隆技术将有助于人类适应未来环境。在某些宗教的律令中,是明确规定"不得用非自然手段来制造生命"的。但是,因某些意识形态的偏见我们就阻碍科技进步吗?

作为理论物理学家,需要向社会公众提出警告的事,那就是经过相当长的时期后,太阳会膨胀而演化成为红巨星,其体积之大,可以把地球也包含在内。在此以前,地球将变得不再适合人类居住,需要搬到别的星球上去,甚而还要对人类自身进行遗传性能的改造,以适应未来环境的变迁。所以,对"人"的基因的种种性能的研究是不可避免的,而无性繁殖就可能为基因性能的研究提供多个但基因是同一的个体。

理论上的确认为,只要人的基因是同一的基因,就能发育出和亲本高度相近的复制品,但这仅仅是理论。完全可能的是,在基因的移植的过程中,很难说丝毫不受到损伤,以致发育出来的后代,是有重大缺陷的后代。所以,我的担心,并不是由于技术进步将可能出现"最可怕的事情",而是担心由于技术不够进步,因而制造出来许多畸形儿。"技术不够进步"的问题,只能由发展技术,亦即试验来解决。

所以,我不赞成阻止"克隆人"的研究,但的确认为要慎重地对待这种"克隆人"的研究,至少要有足够多的动物试验作为先导。

点评:作者何祚麻先生所持有的观点在标题中表述得十分清楚了,那就是具有理性态度的现代公民应该"宽容地看待克隆技术",为了阐明自己观点的正确性,作者何祚麻先生采用了多种方式,其一便是对对立观点所倚靠论据的反驳,这在"克隆'希特勒'是可能的吗"这一段落中展现得淋漓尽致。反对克隆技术的一方极为倚重的一条论据就是克隆技术可能复制出"希特勒"式的给世界带来灾难的政治人物,反对方的逻辑链是这样的:克隆技术的运用—制造、复制出危害世界的政治人物—所以反对克隆技术的运用。但事实上这个逻辑链几乎是不可能成立的,制造、复制出危害世界的政治人物只是克隆技术带来的可能性几乎为零的后果,这是一种杞人忧天式的顾虑与担忧。正如何祚麻先生指出的那样,运用克隆技术制造、复制出危害世界的政治人物必须满足一系列严苛的前提条件,这些前提条件既包括历史的、社会的、政治的因素,也包括生物学上不可能实现的基因复制的完全一致性。所以,反对方的逻辑链条是存在无法自圆其说的断裂处的。何祚麻先生正是通过反驳论据所支撑的理由到论点的逻辑链的漏洞,从而有力地反驳了对方的论点。

点评:为了更有力地反驳对方的论点,作者何祚麻先生除了对对方论据运用过程中的逻辑错误进行了驳斥,还进一步指出对方论证过程中的逻辑错误,反驳论证过程主要呈现在"克隆人会终止人类多样性进化的可能吗"这一段落中。我们都知道,演绎推理的方法有多种形式,但最主要的是三段论,三段论演绎推理的形式如下:

(大前提)　　　　M　　　是　　　P

(小前提)　　　　S　　　是　　　M

(结　论)　故　S　　　是　　　P

三段论是由大前提、小前提和结论三部分组成的,以文字表述为,凡是 M 类事物都具有 P 特点,S 是属于 M 类事物的,所以,S 也具有 P 的特点。

点画线部分是对方的论证过程,实际上是由两个三段论构成的:

(大前提)　　　　复制　　　是　　　阻止进化的

(小前提)　　　　克隆　　　是　　　复制

(结　论)　故　克隆　　　是　　　阻止进化的

(大前提)　　　　组合　　　是　　　推动进化的

(小前提)　　　两性繁殖　是　　　组合

(结　论)　故　两性繁殖　是　　　推动进化的

　　从形式上看，这两个三段论演绎推理的运用是符合形式逻辑的格式规范的。但是，一个三段论中，只能有三个不同的概念，有四个概念，就一定错了，因为出现四个概念就一定违背了"同一律"的原则。文中双画线部分是何祚庥先生进行反驳的内容，其间作者指出，"在'进化'式'发展'的概念中，有两重含义：一是由于基因的重组，的确会出现多样化的变异，但是这种变异不一定是正向变异，也可以是逆向变异"，既然可能是正向变异，也可能是逆向变异，就表明"进化"一词具有双重含义。如此一来，对方的两个三段论中均出现了四个概念，那么对方的论证过程必然是错误的。通过反驳论证过程，作者何祚庥先生再次间接强化了自己"宽容地看待克隆技术"的论点。

第二节　论点的表述

　　议论文论点的语言表达基本上是以肯定句的形式、以陈述语气来表述的,有时为了凸显作者对反驳对象鲜明的批判态度,也可以借助否定句的形式来表述。当然,为了展现作者立场之坚定、态度之坚决,采用双重否定的句式或反诘语气来表述论点也不失为聪明之举。无论采用何种方式表述论点,有几个忌讳是相同的,诸如正确的废话、假大空的套话、态度暧昧的虚话,尤其是逻辑上经不起推敲的,修饰、限制与补充的严密性有欠缺的错话。议论文的论点,尤其是社会现象类材料作文的论点,其针对性很强,泛泛而谈极其不妥。所以,此类议论文论点的语言表述必须做到态度正确、观察深刻、立场鲜明、见解独到、表述严密而集中。常说,谎言并不可怕,可怕的是局部的真实,表述不够严谨的论点会对人们全面认知现象造成迷惑,而残缺不全、偏离题意、偷换概念正是社会现象类材料作文论点表述中常犯的错误。此外,表述议论文论点的位置也是值得推敲的,所谓文无定法,论点既可以开门见山,也可以抽丝剥茧、水落石出,还可以卒章显志、升华题旨,至于说选择在文章的什么位置表述论点,完全取决于文意推进的需要,行于所当行,止于其不得不止。

　　示例:

六　国　论

苏　洵

　　六国破灭,非兵不利,战不善,弊在赂秦。赂秦而力亏,破灭之道也。或曰:六国互丧,率赂秦耶? 曰:不赂者以赂者丧,盖失强援,不能独完。故曰:弊在赂秦也。

　　秦以攻取之外,小则获邑,大则得城。较秦之所得,与战胜而得者,其实百倍;诸侯之所亡,与战败而亡者,其实亦百倍。则秦之所大欲,诸侯之所大患,固不在战矣。思厥先祖父,暴霜露,斩荆棘,以有尺寸之地。子孙视之不甚惜,举以予人,如弃草芥。今日割五城,明日割十城,然后得一夕安寝。起视四境,而秦兵又至矣。然则诸侯之地有限,暴秦之欲无厌,奉之弥繁,侵之愈急。故不战而强弱胜负已判矣。至于颠覆,理固宜然。古人云:"以地事秦,犹抱薪救火,薪不尽,火不灭。"此言得之。

齐人未尝赂秦,终继五国迁灭,何哉?与嬴而不助五国也。五国既丧,齐亦不免矣。燕赵之君,始有远略,能守其土,义不赂秦。是故燕虽小国而后亡,斯用兵之效也。至丹以荆卿为计,始速祸焉。赵尝五战于秦,二败而三胜。后秦击赵者再,李牧连却之。洎牧以谗诛,邯郸为郡,惜其用武而不终也。且燕赵处秦革灭殆尽之际,可谓智力孤危,战败而亡,诚不得已。向使三国各爱其地,齐人勿附于秦,刺客不行,良将犹在,则胜负之数,存亡之理,当与秦相较,或未易量。

呜呼!以赂秦之地封天下之谋臣,以事秦之心礼天下之奇才,并力西向,则吾恐秦人食之不得下咽也。悲夫!有如此之势,而为秦人积威之所劫,日削月割,以趋于亡。<u>为国者无使为积威之所劫哉!</u>

夫六国与秦皆诸侯,其势弱于秦,而犹有可以不赂而胜之之势。<u>苟以天下之大,而从六国破亡之故事,是又在六国下矣。</u>(毋从六国破亡之故事)

【译文】

六国的灭亡,不是(因为其)武器不锋利,仗打得不好,弊端在于用土地来贿赂秦国。拿土地贿赂秦国亏损了自己的力量,(这就)是灭亡的原因。有人问:"六国一个接一个地灭亡,难道全部是因为贿赂秦国吗?"(回答)说:"不贿赂秦国的国家因为贿赂秦国的国家而灭亡。原因是不贿赂秦国的国家失掉了强有力的外援,不能独自保全。所以,弊病在于贿赂秦国。"

秦国除了用战争夺取土地以外(还得到诸侯的贿赂),小的获得邑镇,大的获得城池。秦国受贿赂所得到的土地与战胜别国所得到的土地相比,(前者)实际多百倍。六国诸侯(贿赂秦国)所丧失的土地与战败所丧失的土地相比,实际也要多百倍。那么秦国最想要的,与六国诸侯最担心的,本来就不在于战争。想到其祖辈和父辈,冒着寒霜雨露,披荆斩棘,才有了很少的一点土地。子孙对那些土地却不很爱惜,全都拿来送给别人,就像扔掉小草一样不珍惜。今天割掉五座城,明天割掉十座城,才能睡一夜安稳觉。明天起床一看四周边境,秦国的军队又来了。既然这样,那么诸侯的土地有限,强暴的秦国的欲望永远不会满足,(诸侯)送得越多,秦国就侵犯得越急迫。所以用不着战争,谁强谁弱,谁胜谁负就已经决定了。到了覆灭的地步,道理本来就是这样子的。古人说:"用土地侍奉秦国,就好像抱柴救火,柴不烧完,火就不会熄灭。"这话说得很正确。

齐国不曾贿赂秦国,(可是)最终也随着五国灭亡,为什么呢?(是因为齐国)跟秦国交好而不帮助其他五国。五国已经灭亡,齐国也就没法幸免。燕国和赵国的国君,起初有长远的谋略,能够守住国土,坚持正义,不贿赂秦国。因此,燕国虽然是小国,却后来才灭亡,这就是用兵抗秦的效果。等到后来燕太子丹用派遣荆轲刺杀秦王作为对付秦国的计策,这才招致(灭亡的)祸患。赵国曾经与秦国交战五次,打了两次败仗,三次胜仗。后来秦国两次攻打赵国。(赵国大将)李牧接连打退秦国的进攻。等到李牧因受诬陷而被杀死,(赵国都城)邯郸变成(秦国的一个)郡,可惜赵国用武力抗秦而没能坚持到底。而且燕、赵两国正处在秦国把其他国家快要消灭干净的时候,可以说是智谋穷竭,国势孤立危急,战败而亡国,确实是不得已的事。若韩、魏、楚三国都爱惜国土,齐国不依附秦国。(燕国的)刺客不去(刺秦王),(赵国的)良将李牧还活着,那么胜败的命运,存亡的理数,倘若与秦国相比,也许还不容易衡量(出高低来)呢。

唉!(如果六国诸侯)用贿赂秦国的土地来封给天下的谋臣,用侍奉秦国的心来礼遇天下的奇才,齐心合力地向西(对付秦国),那么,恐怕秦国人饭也不能咽下去。真可悲啊!有这样的有利形势,却被秦国积久的威势所胁迫,天天割地,月月割地,以至于走向灭亡。治理国家的人不要被积久的威势所胁迫啊!

六国和秦国都是诸侯之国,其势力比秦国弱,却还有可以不贿赂秦国而战胜它的优势。如果凭借偌大国家,却追随六国灭亡的前例,这就比不上六国了。

点评:苏洵的《六国论》就谋篇布局而言,属于典型的"总分"式论证结构,具体而言,全篇"立论、阐说、结论、推论"的逻辑推进清晰而明了,开篇处作者即一言道破六国破灭的根本原因,"六国破灭,非兵不利,战不善,弊在赂秦",是为立论;接着从两方面进一步具体解读为何"弊在赂秦":其一,"赂秦而力亏";其二,"不赂者以赂者丧"。分别领起文章的第②、第③自然段,是为阐说;在此基础上结论的得出水到渠成,"为国者无使为积威之所劫哉"。作者并未就此罢笔,因为他真正的写作意图在于讽谏、在于针砭,故进一步得出推论"苟以天下之大,而从六国破亡之故事,是又在六国下矣",希望北宋统治者不要重蹈六国破亡历史教训的恳切之情溢于言表。

示例:

受众的新闻素养:能力和意愿

① 新闻作为一种媒体信息,本应有助于人们了解事情的真相,如信息论的提出者香农就曾把信息定义为"不确定性的消除",然而信息也会增加人们对真相认识的不确定性。尤其在信息爆炸时代,如何摆脱这种困境? 除了优化信息环境外,更现实的途径是提高受众的新闻素养。

② 在信息时代,批判性地解读和使用媒体信息应是社会成员的基本技能。为什么在今天要特别强调受众的"新闻素养"? 这是由新闻的性质和当今新闻的发展趋势决定的。新闻是帮助公民自治的必要信息,和其他出于私人利益或兴趣而获得的信息不同,它关乎社会群体的公共利益,最终会影响私人生活。随着信息技术的发展、商业文化的介入、新闻发布门槛的降低,新闻与评论、娱乐、宣传的界线不再像从前那样清晰,"准新闻"甚至"伪新闻"层出不穷。

③ 新闻受众应该提高自己的新闻辨别能力,对不同来源的信息设置不同的警惕值,这样才能使自己变得明智。如何批判性地解读新闻? 受众可以从以下几方面加以考虑:(1)报道有无确切的来源? 来源可靠吗? (2)报道的内容完整吗? 是否包含事件的时间、地点、人物、原因、经过等要素? 假如不完整,原因是什么? (3)报道者提供了什么证据? 这些证据是怎样检验或核实的? (4)这则新闻除了报道事件外,是否还有其他意图?

④ 有人认为受众都是愿意看到真相的,他们欠缺的仅仅是辨别能力,然而现实中相当多的受众首先欠缺的是寻求事实真相的意愿。如果从前的新闻受众在接收信息上缺乏自主性,那么现在的新闻受众更多是被诱惑,把有限的时间用于关注娱乐新闻,而最危险的是在被抑制和被诱导中养成的对事实真相无所谓的态度。要么是"你知道了真相又能怎样",要么是"根本就没有真相,一切都是阴谋"。前者

导致老于世故地配合做戏,后者导致愤世嫉俗,并拒绝相信一切。

⑤ 还有一些人尽管有寻求事实真相的意愿,却习惯于把常识当成真相,或以常识为标准来判断事件是否真实。常识是在过去经验的基础上形成的,能帮助人们迅速作出认知,提高判断效率,在生活中必不可少。其实常识并不意味着就是对事实真相的认识,常识往往受到特定观点和具体经验的限制,因人而异、缺乏普遍性和稳定性,有时会遮蔽事实真相。把常识推上神坛,会走向主观先行和反智主义的极端。因此,有必要对常识保持警惕。

⑥ 我们生活的时代,受众越来越多地拥有制作和发布新闻的机会。所以,仅仅强调受众解读新闻的能力和追求真相的意愿其实是不够的,还应该提高受众参与新闻生产的能力,提高他们所生产的新闻的质量。从新闻业的发展来看,无论对新闻受众还是对新闻工作者,这可能都有更大的价值。

点评:麻雀虽小,五脏俱全,文章全篇的文意推进与某一段落分论点的得出其内在逻辑具有高度一致性,通过对本文第⑤自然段的品读,可以收到"管窥全豹"之效。第⑤自然段一共有五句话,第一句抛出的是本段探讨的核心话题"常识",第二句对"常识"的概念作出界定,第三、第四句话分析常识会遮蔽真相的原因,以及盲从常识所带来的负面影响,第五句话则是本段的结论,保持对常识的警惕。纵观第⑤自然段,话题—概念—阐述—结论,思维路径一目了然,与人们认识事物的规律高度契合。

第三节　证明、反驳与论点表述的语言表达

议论文的写作目的重在以理服人,故在证明与反驳的过程中尤其重视说理的逻辑性。同时,在证明与反驳的过程中语言运用的严谨性也不容忽视,论点的表述更应该做到"滴水不漏",不容反对者找到半点可攻击的漏洞。当然,如果只是一味强调议论文语言的严谨性,整体文风难免显得生硬、僵化,如果能兼顾语言的严谨性、生动性、富有感染力,则锦上添花,这样的议论文可以取得以理服人、以情动人的艺术效果。

我们先来说说议论文语言的严谨性,议论文语言的严谨性主要是通过语言描述过程中起修饰、限制、补充作用的形容词、副词等词汇的精挑细选、精心雕琢来实现的。

示例:

战胜电脑,其实就是战胜人脑。实际上,<u>任何</u>人工智能技术都是如此。即使电脑战胜了人脑,也是人类创造力的新标杆,这对"人类的尊严"毫无损害。

当 F1 的传奇冠军舒马赫冲线时,没有人会觉得,这部 F1 赛车损害了同样以速度和技巧称冠的刘翔的威名。我们已经看透了汽车,看透了这背后其实是置身于驾驶舱中车手之间的对抗,进而为之欢呼。那么,即使克拉姆尼克可能再也无法战胜电脑,我们同样也应该为之欢呼。

① 2010 年上海世博会中国国家馆"东方之冠"的设计方案,在<u>传统</u>的斗拱造型基础上进行了<u>创造性</u>的现代转绎。斗拱榫卯穿插的运用,保持了<u>最为</u>世人所理解的中国建筑元素,而层层出挑的主体造型<u>更</u>显示了现代工程技术的力度和气度。与国家馆相呼应的地区馆平卧其下,则引入江南园林的理念,以现代园林空间来软化主体建筑与城市周边的关系。整个设计一寓"天",二寓

"地"，体现东方哲学对"天地"关系的理解，以及对理想人居环境的憧憬。几年后，世博中国馆<u>必将</u>成为上海的新地标，雄踞于浦江之滨，给上海和中国带来新的光荣和自豪。

②　城市地标是城市最具标志性的建筑或景观，它聚焦了城市的魅力，是一座城市区别于另一座城市的特色所在。我国<u>历史上</u>唐代长安之曲江，北宋汴州之金明池，南宋杭州之西湖，明清南京之秦淮河、北京之故宫、苏州之虎丘、扬州之瘦西湖，近代上海之外滩，都是<u>历史上极具特色和标志性</u>的城市景观，并积淀为一种独特的城市意象。随着我国当代城市化进程的迅猛发展，<u>新的城市地标不断浮出地表</u>。这些新的城市地标如何与城市的历史文脉相协调，并体现出创新和发展，已成为今天城市建设中的普遍性问题。

点评：示例所选择的两个段落中，下画线所标注的词语鲜明地体现了议论文语言运用注重严谨的特点，这些词语起到的作用当然是修饰、限制与补充，进一步来说，是在时间、空间、数量、性质、范围、程度等诸多方面起到修饰、限制与补充的作用，这些词语的存在与否，对作者意图的精准传达所起到的影响是至关重要的。

我们再来说说议论文语言的形象性，正所谓"言之无文，行而不远"，精确严谨的语言表达与形象传神、诙谐俏皮的语言风格完全可以并行不悖、相得益彰，一般来说，议论文语言的形象性主要通过比喻、比拟、夸张等修辞的运用得以实现。

示例：

长期以来，人们对人与人、一对一的争锋对抗一直津津乐道，如古罗马的角斗士，拳王阿里的三次卫冕战。如果这种对抗发生在两位英雄之间，带有某种"巅峰之战"的意味，观众一定会为之如痴如醉。

点评：这段文字中的"巅峰之战"，令人联想起金庸先生笔下侠客们华山论剑的场面，画面感扑面而来，一扫议论文常常显得严肃刻板的固有印象，鲜活而生动，对阵双方水准之高与旗鼓相当的特征跃然纸上，完美地实现严谨与形象的兼而有之。

示例：

拿来主义（节选）

鲁　迅

我在这里也并不想对"送去"再说什么，否则太不"摩登"了。我只想鼓吹我们再吝啬一点，"送去"之外，还得"拿来"，是为"拿来主义"。

但我们被"送来"的东西吓怕了。先有英国的鸦片，德国的废枪炮，后有法国的香粉，美国的电影，日本的印着"完全国货"的各种小东西。于是连清醒的青年们，也对于洋货发生了恐怖。其实，这正是因为那是"送来"的，而不是"拿来"的缘故。

所以我们要运用脑髓，放出眼光，自己来拿！

譬如罢，我们之中的一个穷青年，因为祖上的阴功（姑且让我这么说说罢），得了一所大宅子，且不问他是骗来的，抢来的，或合法继承的，或是做了女婿换来的。那么，怎么办呢？我想，首先是不管三七二十一，"拿来"！但是，如果反对这宅子的旧主人，怕给他的东西染污了，徘徊不敢走进门，是孱头；勃然大怒，放一把火烧光，算是保存自己的清白，则是昏蛋。不过因为原是羡慕这宅子的旧主人的，而这回接受一切，欣欣然的蹩进卧室，大吸剩下的鸦片，那当然更是废物。"拿来主义"者是全不这样的。

他占有，挑选。看见鱼翅，并不就抛在路上以显其"平民化"，只要有养料，也和朋友们像萝卜白菜一样地吃掉，只不用它来宴大宾；看见鸦片，也不当众摔在茅厕里，以见其彻底革命，只送到药房里去，以供治病之用，却不弄"出售存膏，售完即止"的玄虚。只有烟枪和烟灯，虽然形式和印度、波斯、阿剌伯的烟具都不同，确可以算一种国粹，倘使背着周游世界，一定会有人看，但我想，除了送一点进博物馆之外，其余的是大可以毁掉的了。还有一群姨太太，也大以请她们各自走散为是，要不然，"拿来主义"怕未免有些危机。

总之，我们要拿来。我们要或使用，或存放，或毁灭。那么，主人是新主人，宅子也就会成为新宅子。然而首先要这人沉着，勇猛，有辨别，不自私。没有拿来的，人不能自成为新人，没有拿来的，文艺不能自成为新文艺。

点评：以小见大，援譬设喻，通过细小的、人们熟悉的事物来比喻，进而阐明一个抽象的深刻的道理,是鲁迅先生杂文突出的写作特点之一。在《拿来主义》这篇杂文中,鲁迅先生探讨的一个重要话题就是如何对待传统文化,先生的态度、立场是鲜明而坚定的,那就是"取其精华,去其糟粕",为了阐明自己的观点,先生以"大宅子"来作整体性的设喻,比喻传统文化,又分别以"鱼翅""鸦片""烟灯、烟枪""姨太太"比喻传统文化中有价值的部分,价值与糟粕并存的部分,价值部分,糟粕部分,以对待"鱼翅""鸦片""烟灯、烟枪""姨太太"的不同方式表明对不同性质的传统文化采取不同的态度及处置方法。我们可以看到这篇杂文所运用的一系列比喻,无论是整体性的比喻还是局部性的比喻无不让人啧啧称奇,语言的精妙与回味绵长自不必多说,更有价值的是让读者得到深刻的启示。

接下来,我们来说说议论文语言的针对性,一般而言,各类文章总有相对固定的或者说特定的受众、阅读群体的,如钱钟书先生的《围城》,其语言的幽默堪称一绝,鲍鱼是臭的,所以鲍小姐姓鲍;衣着暴露的鲍小姐是"局部的真理",因为据说真理是赤裸裸的,这些笑点需要一定的文化积淀方可心领神会,故而《围城》一书更受知识分子推崇。由此推想开去,议论文的语言表达也需要写作者关注自己文章主要受众的接受水平。

示例:

白莽作《孩儿塔》序（节选）

鲁　迅

这《孩儿塔》的出世并非要和现在一般的诗人争一日之长,是有别一种意义在。这是东方的微光,是林中的响箭,是冬末的萌芽,是进军的第一步,是对于前驱者的爱的大纛,也是对于摧残者的憎的丰碑。一切所谓圆熟简练,静穆幽远之作,都无须来作比方,因为这诗属于别一世界。那一世界里有许多许多人,白莽也是他们的亡友。单是这一点,我想,就足够保证这本集子的存在了,又何需我的序文之类。

点评:画线句是由六个比喻句排比而成的一个整句,它以丰富的比喻,集中评述《孩儿塔》宣传革命、动员革命的战斗作用和鲜明的思想倾向,语势酣畅,充分抒发出作者对革命作家、作品和革命事业如海潮般涌动奔泻的热爱和赞颂之情。

习作展示：

合人格之力，铸国格之基

谁可以划船不用桨？谁可以扬帆没有风向？谁可以没有人格而坦荡自如？

我可以划船不用桨！我可以扬帆没有风向！但是人格啊，当人丧失它的时候，我却不能不为他（她）感伤。

自古以来，就有文天祥"惶恐滩头说惶恐，零丁洋里叹零丁。人生自古谁无死，留取丹心照汗青"的人格；也有李清照"生当作人杰，死亦为鬼雄。至今思项羽，不肯过江东"的人格；更有谭嗣同"我自横刀向天笑，去留肝胆两昆仑"的人格……

凡此种种，只说明一个道理：人而无格枉为人！

而人格又是国格的基石，想韩国那 21 位为了日本首相小泉纯一郎参拜靖国神社而断指明志的勇士，虽说此举未免有些极端，但其中体现了怎样的一份人格以致国格啊。当时，我听到身旁的一位同学嗤之以鼻："神经病。"我只能说，她不懂人格为何物，国格为何物，为了这重要的东西，我们连生命都可以舍弃，更何况一根手指。难道饱读十余载圣贤书却连所为何事都没能弄明白吗？十年寒窗苦筹谋，就只为了那一纸通知书吗？那么，她应该回到幼儿园，那里曾教过我们怎样去做一个人，怎样去拥有一份宝贵的人格。

国格是由人格铸起的万里长城。当北约轰炸南联盟的时候，南联盟的人民聚在了桥梁上，他们的头顶上方是冰冷而无情的轰炸机，随时都

可以让他们灰飞烟灭。但是，为了祖国的桥，祖
国的土地，祖国的尊严，他们就这样在那儿站着，
不，是屹立，无比高大而坚韧地屹立。这样的情
景，谁不为之动容？谁不为那人格铸起的国格所
震撼？

　　我们的国家也曾被战争深深地刺伤，痛定思
痛，我不敢也不能说我们中华民族是"心如朗月连
天净，意似寒潭彻底清"的，因为我们毕竟也出了为
数不少的汉奸与卖国贼，但正所谓林子大了什么样
的鸟儿都有，只要带头的，多数的人拥有爱国不惜
牺牲的人格，我们的国格就是值得赞许的，何况，这
样的人，我们可以列举出太多太多！不然，我们怎
么能用"小米加步枪"就赶跑了"飞机加大炮"的日
本侵略者呢？

　　人贵在有人格，国则贵在有国格。两者辩证而
统一，前者是后者的基础，后者是前者的体现，缺一
不可。

　　青少年要培养起自尊的人格是毋庸置疑的。
那么，我很高兴看到曾经红遍大江南北的明星赵
薇已然今非昔比。她为了金钱，出现在《时尚》杂
志的封面，恬不知耻地披着日军侵华时的战旗。
她没有人格，更玷污了我们的国格，必遭国人唾骂
连连。对于这样的人，我们还有必要奉之为偶
像吗？

　　只有合我们的人格之力，才能铸起国格之基。
要摒弃懦弱、自卑，要果敢、正义，才能看到更好的
自己，更美的祖国。

【整体点评】

　　写作者要表明自己的态度、立场,阐明自己态度立场的正确,可借助的无非是形式逻辑或非形式逻辑的路径,日常生活中的人际交流与写作表达其实更多地还是采用非形式逻辑的方式。就本文而言,我们对写作者的论点"只有合人格之力,方能铸起国格之基"如此深切地赞同,很大的原因是受到其喷薄欲出的自爱与爱国热情的感染,这份感染力源于写作者热情洋溢的语言表达,尤其是繁而不冗的反问的反复运用,那一句句质问,直击读者的心灵,令人不禁为之击节。

第 六 章

从形象到抽象

　　高考是选拔性考试,命题设计的主要出发点之一在于区分考生思维水平的高下。上海语文高考作文题往往以提供材料的形式呈现,并不提供具体的、热点性的社会事件,而是提供一种社会现象。为了给考生更为广阔的思维空间,材料中常常出现传统文化中的常见意象,或借助隐喻、象征的手法,或以寓言的形式来表述材料。命题者希望考生能从还原材料的原始意义出发,去除遮蔽,从形象思维转入抽象思维,将命题者含蓄的意图指向解读得清晰而有内涵,源于材料却又高于材料,从而展现出自己独到的、深刻的见解。本章内容,笔者希望能从解读意象、剖析隐喻、阐述寓言、审视象征等方面给读者提供一种切实且可操作、便于效仿的思维路径。

　　事实上,很多人对意象、隐喻、寓言、象征的概念是模糊的,况且四者之间既有区别,又有联系,存在颇多相似之处。但是,四者之间最大的一致之处就是表情达意的“欲说还休”“藏而不露”,写作者必须拨开层层迷雾、避开诸多陷阱,挖掘出命题者真正的意图所在,并以此为核心追根溯源、探本究因、拓展延伸,实现立意的升华。

第一节　解读材料中的意象

　　意象是诗歌中浸染了作者主观情感的东西,是指那些客观的具体的事物带上了人的痕迹,烙上了人的感情印记。大至山川河岳、日月星辰,小至一草一木、一花一沙,皆为意象。我们必须先明确,作者是要通过意象来表达自己内心情感的。另外,还须明白我们传统的审美习惯,如“望月怀远”“伤春悲秋”“见流水则思年华易逝”“梧桐细雨则凄楚悲凉”等是符合我国传统的审美特点的。

众所周知,意象的运用讲究含蓄、凝练。诗人的抒情往往不是情感的直接流露,也不是思想的直接灌输,而是言在此意在彼,写景则借景抒情,咏物则托物言志。这里的所写之"景"、所咏之"物",即为客观之"象";借景所抒之"情",咏物所言之"志",即为主观之"意"。"象"与"意"的完美结合,就是"意象"。它既是现实生活的写照,又是写作者审美创造的结晶和情感意念的载体。作者的聪明往往在于他能创造一个或一群新奇的"意象",来含蓄地抒发自己的情感。

需要注意的是,很多意象的内涵并非独一、孤立的,这就要求学生熟悉传统文化,尤其是了解古典诗词中的经典之作。李之仪在《卜算子》中写道:"我住长江头,君住长江尾。日日思君不见君。共饮长江水。"一对有情人被江水阻隔,又共饮一江水为不幸之幸,江水于他们既是痛苦的根源,又是精神的慰藉。诗人以这种既是阻隔又是沟通的矛盾统一,将爱情写得缠绵悱恻。唐代诗人韦应物在《滁州西涧》中写道:"独怜幽草涧边生,上有黄鹂深树鸣。春潮带雨晚来急,野渡无人舟自横。"春花、春草、春树、春鸟、春潮、春雨等明丽的景象,烘托出"野渡无人舟自横"的中心意象,既是实化描写,又是诗人心态的形象化表现,传达作者恬淡闲适的心态。而杜甫在经历唐朝由盛到衰的转变后,长期漂泊,最后病死在自潭州赴岳州的一条小船上。船是他晚年最常用的交通工具,也成为他最终的归宿。他在诗中反复写到"船"的意象,"危樯独夜舟""老病有孤舟",船是诗人漂泊身世的象征与写照,他的身体也像被缚住的小船一般,不得自由。水与船的例子告诉我们,文章的深度未必受限于意象,还取决于写作者辩证思维的有无。当然,就题材选择而言,以意象为主要构成成分的写作材料,相对而言还是适合创作文学类作品,以记叙、描写、抒情为主要手法,或者夹叙夹议、叙议结合。

例一:

> 皎洁的月光,如水的月色,一钩新月低垂,一轮明月高挂……或阴或晴,缺而又盈,月亮啊,总能令人浮想联翩,思绪万千。

请写一篇 800 字以上的文章,题目自拟,文体不限,不要写成诗歌。

"月有阴晴圆缺,人有悲欢离合,此事古难全",东坡先生的《水调歌头》道尽了月亮在我们文化中深厚的内涵与意蕴,容易下笔,却又很难写出新意,难免会掉入

"掉书袋"的窠臼。也就是说,解读意象并不难,难在如何展现意象。

习作展示:

你看月亮的脸

——沙漠。夜晚。一位跋涉的行者。

一弯明月挂在如同蓝丝绒般的天幕。

行者看到月亮的脸,光洁明亮。那里有故乡的古槐,那里有母亲凝视的微笑。

——海边。夜晚。一位绝望的年轻人。

潮水渐渐退去,一弯明月孤寂地吊在半空。

年轻人看到月亮的脸,虽然明亮却总像有阴影在浮动。悲凉,无尽的悲凉。

——花园。夜晚。一对甜蜜的恋人。

花前的浪漫,充满爱意的眼神的交流,他和她看到的月亮的脸,弯弯的月牙儿如同女孩脸上浅浅的娇羞的笑。那是月亮祝福的表情。

这是地球上同一天同一个城市或地区的三个不同场景。

同是一弯明月,同是一片天空,因为观者的心情不同,造成了对月亮的情感亲疏的不同。于是,月亮在他们各自的眼睛里,被赋予不一样的感觉和表情。

这不是月亮的过错。

是什么欺骗了我们的眼睛? 是什么给了我们如此迥然相异的感受?

当你轻轻地问我,沉思片刻,我会用同样轻轻的声音回答你——是心,是感情!

心情不同的时候,对同样的景色、同样的事物,

点评:写作者并没有旁征博引,炫耀自己的积累,而是巧妙地设置情境,缓缓诉说"月亮"之于人们情感表达的意义,或柔美或清冷的月色正是人们心境的表露,让读者沉浸在诗意的审美愉悦之中,体悟哲学思考的收获。

会有不同甚至截然相反的看法以及态度。开心时，大风让我们想起"大风起兮云飞扬"的豪迈，暴雨让我们发出"让暴风雨来得更猛烈些"的呼喊，蓝天的澄澈、大海的蔚蓝也无比动人。世界，在我们的眼里，变得可爱和缠绵。

灰心时，即使是梨花带雨也充满了哀怨，小桥流水不再诗意盎然。什么风起云涌、什么闲庭信步，都不再是诱人的风景。世界，可爱的事物甚至都可以忽略不计。一旦灰暗的色彩蒙住了双眼，这世界还有什么明亮可言？

生活给我们两张不同的面孔，一张明亮，另一张暗淡。

其实，明亮或暗淡来自我们的内心，与外界无关。

时时观察我们的内心吧！别戴着情感的有色眼镜去观察和认知这个世界，那样不够真实也不够公平。

思想需要的是公平的秤。

你看月亮的脸，它实际并未改变，并未因你而改变……

例二：

王国维先生说："一切景语皆情语。"又说："以我观物，故物皆着我之色彩。"面对夕阳，人们的感受也各有不同。夕阳之于你，意味着什么呢？

请写一篇800字以上的文章，题目自拟，文体不限，不要写成诗歌。

夕阳这一意象，在传统文化中更多地指向倾颓、衰败。但是，在传统文化中，夕阳也可以暗指昂扬与奋发。对写作者而言，在叙述与描写过程中，不给人以矫揉造作、无病呻吟的感受是非常重要的。

习作展示：

最美莫过夕阳红

（一）

小时候，常常因贪玩而忘了时间，在被夕阳染成金色的乡间小道上，一蹦一跳地回家了，还不忘回头望一望夕阳，又傻傻地唱着自编的小曲，与夕阳共舞。天真地认为自己能成为公主、王子，穿着镶满金丝的礼服。那时只是简单而纯真地觉得夕阳很美，像是舞台上的灯光，可以照亮这无垠的大地。那粉色、橙黄和淡淡的红，组成的是什么呢？纯纯的梦吧！

点评：写作者以时间为线，娓娓道来成长历程中不同年龄阶段对夕阳的感受与体会，由物及人，从自然到生活，一扫关于夕阳"落寞""感伤"的感受，洋溢着温暖而又充溢着人情味的气息。

（二）

经历了童年，面对着接踵而至的学习生涯，又对这夕阳产生另一种感觉，夕阳是一天中不可缺少的一部分，它伴随着傍晚的到来，伴随着一个个行色匆匆的下班族，给人美好的感受，使人油然而生恋家的感觉，联想到温馨的家，温暖的关怀。心底的悲伤、失落会被忘却，劳累辛苦也成为过去，明天又会是美好的一天。那粉色、橙黄和淡淡的红，组成的是什么呢？暖暖的爱吧！

（三）

无忧无虑的童年时代，激情四射的青年时光，冷静稳重的中年岁月，生命之河便是如此不息地流淌着……

岁月之河滔滔前行，它催我们成长，令我们日渐成熟。我想，它绝不会洗去我们对生活、对生命的热爱，不会让我们的激情之火燃尽。

看看我们身边的老人们吧,他们的活力毫不逊色于年轻人:小区广场上,探戈舞姿翩翩;秧歌锣鼓喧天……还有更多身影奔走在社会的各个岗位上,用他们丰富的经验,为我们指点迷津……

自然而然地,便成了一道美丽的风景。

"莫道桑榆晚,为霞尚满天",不是吗?

那粉色、橙黄和淡淡的红,组成的是什么呢?永无止境的活力吧!

例三:

"维桑与梓,必恭敬止",三千年前的先民在《诗经》中这般吟唱;"日暮乡关何处是,烟波江上使人愁",千年前的唐人这般歌啸。诗言志,歌咏情,这样的诗作在耳畔响起时,总让人心潮起伏。

为了降低学生的写作难度,材料中除了部分学生不熟悉的意象"桑梓"指家乡外,更有大家耳熟能详的"乡关"两字,可见命题教师希望同学们以"家乡""家园"为话题展开思考。至于具体写些什么,材料也有明晰的提示:"志"与"情",愁绪与恭敬。解读意象本身难度不大,但要在 800—1000 字的篇幅内呈现材料所指明的丰富的情感内涵,又不失其"真",真是一场颇具挑战性的头脑风暴。

习作展示:

家　园
朱一鸣

一路的风尘颠簸几乎快要夺去了他的生命,他掀开马车的帘子望去,依然只是荒芜,太阳也不肯露脸,不知什么时候下起小雨,望着这个泪眼婆娑的天地,他不知道还有多少苦难等着他。

家这个词始终不断地跳跃在他的脑海里,妻女们的低声抽泣有时就像惊雷一般在他的耳膜上撞击回响。"她们应该在家里做着女红,淘米做饭。"就这样陷入了沉思,全然没有注意到马车停了下来。

"大人,百姓挡住了去路。"这声音把他从沉思中唤醒,帘子被打开了,潮湿的空气混着嘈杂的人声,飘了进来。他拖着疲惫的身子走出马车,几百名普通百姓,他们没有戴斗笠,就那么在雨里站着,提着篮子,拎着布袋。

看见他出来,众人纷纷跪下。他的内心一阵澎湃,用那双因激动而颤抖的手,扶起离他最近的中年汉子。"我能为你们做点什么吗?""不、不,大人,您为我们除去水患,已经……我……我……""好,好,我知道,你们的心意我知道,那就请回吧。"他提了提嗓子,"都回去吧! 别在雨里了,我感谢大家……"

"大人,那就请收下这些东西吧,是乡亲们的一点心意。"说着就掀开篮子,打开布袋,大多数是鸡蛋,新做的衣裳、布鞋。

"这东西我不能收,你们都回去吧。"但是固执的百姓不依不饶。只能狠下心,登上马车,下令继续赶路。他没有打开帘子,知道大家都不甘心就此离去。"你们都回家吧,你们是可以回家的。"他独自念叨着。

是的,他的确不能回家,虽然治理好水灾,但是"仍戍伊犁"的圣旨打破了他的希望。此刻他正扣着"钦犯"的帽子,充军伊犁。

到达伊犁后,他忘我地投入工作:协助办理屯垦事务,亲历南疆库车、阿克苏、叶尔羌等地勘察,

155

行程两万里;倡导水利,开辟生田,绘制边疆地图,建议兵农合一,警惕沙俄。

一切的一切,他几乎忘却了,悲哀,几乎忘却对家的思念。他对这里倾注了一切,他从封闭的小我里跳了出来,看到一个完完全全的大我。这里完完全全已然成了他的家。三年了,他又将去一个新的地方,那儿又是他的家。

是的,他,林则徐,一生走过的十五个省是他的家;生他养他的这片华夏热土是他的家。

流光容易把人抛,红了樱桃,绿了芭蕉;可时光也不会无端将一个人的人格裁减得模糊不堪,高尚永远在历史的沙砾上闪闪发光。

他病逝于行军途中,但是我相信,在他弥留之际,他努力地回头望去,似乎可以看见家乡新生的柳条在迎风飘舞,好像在招手,在呼唤。

【整体点评】

这是一篇极具人文情怀的佳作,事实上很大一部分读者自始至终也不曾知晓文中的主人公是民族英雄林则徐,写作者对林则徐生平伟绩的熟悉程度令人叹为观止。文中,主人公为国家舍小家的爱国热情令人钦佩不已,对家人的愧疚之情又让人扼腕叹息。应该说,文章围绕着材料中"桑梓"这一意象,巧妙地向读者传递着热情、柔情、亲情、家国情,别具感人肺腑的力量。篇末,"杨柳"这一关于别离的意象的导入,以景结情,极大地丰富与拓展了文章的内涵与意味。

第二节　隐喻的去蔽

什么是隐喻？人总是基于自己的经验来理解世界，隐喻就是根据熟知的、有形的、具体的事物来认识和理解陌生的、无形的、抽象的事物。雷考夫·杰克逊在《我们赖以生存的隐喻》一书中说道：隐喻不仅是一种语言表达形式，也是人类思维和行为的方式，是人类本能的思维方式。

生活中，隐喻无处不在，如大家童年时热衷的游戏"老虎""棒子""鸡""虫子"，随着年龄的增长，我们可以将其解读为"一物降一物"的自然法则，联系社会生活，我们也可以将其解读为"权力必须关进笼子里""权力之间必须彼此制衡"。

高考材料作文题也特别喜欢使用隐喻，如2010年上海卷作文题：

丹麦人去钓鱼会随身带一把尺子，钓到鱼，常常用尺子量一量，将不够尺寸的小鱼放回河里。他们说："让小鱼长大不更好吗？"两千多年前，我国孟子曾说过："数罟不入洿池，鱼鳖不可胜食也。"意思是，不要用细密的渔网在池塘里捕捞小鱼，这样才会有更多的鱼。

实际上，其中的道理也贯穿我们现实生活中的许多方面。

很明显，命题教师希望考生的思维从捕鱼的道理迁移到生活的哲理，这是一则典型的隐喻类的写作材料。

对考生而言，该如何解读隐喻呢？从表面上看，自然界的形象千差万别，但是在不相干的领域之间常常体现类似的简单原理，考生要找到的首先是两者之间的相似点。世界上没有两片完全相同的树叶，事物与事物之间彼此相通，但不可能找到放之四海而皆准的道理，考生还要找到两者之间的区别点，如此思维方能更进一步。

思维导图：

例一：

　　世上没有一片荆棘单是为你铺设的，也没有一朵花单是为你开放的。

　　材料作文题最可怕的错误是立意出岔子，一失足成千古恨，偏偏有许多学生折载于此，一而再，再而三地犯错，究其原因，还是只见树木、不见森林，在此笔者提醒小读者："务必将材料视作一个整体。"

　　本则材料非常明显带有隐喻性质，荆棘蕴含艰难苦恨；鲜花表示成功喝彩。这样的隐喻显而易见，本没有问题，可是就此得出结论"越过荆棘摘取鲜花"—"克服困难获取成功"—"苦难是一笔财富"，那就误入歧途，这样的结论就是典型的断章取义式解读材料，只是局部的真实，而丧失全局的眼光，结果可想而知。

　　"没有一片荆棘单为你铺设""没有一朵花单为你开放"，这一前提岂能不予关注？"困难共对、机遇共享"—世界很公平（我并不特殊）—以平常心面对成败得失（不以物喜、不以己悲，生活总要继续，也无风雨也无晴）。如此，方谈得上"整体感、全局观、深入性"。

　　谋篇示例：

顺其自然、有所作为

　　一路走来，我们遭遇荆棘，我们邂逅鲜花，人人如此，并无二致。（引）世界本就那么公平，拈花时的得意、棘刺时的失意，那是自我的迷失，都不免显得有些理性的缺失。（析）生命，必然经历其必然经历的一切，何不顺其自然呢？（立）

　　顺其自然是一种洒脱从容的心境，是一份宠辱不惊的人生。（是什么）

　　通过对比推断（拿得起放得下否）—个体生命的扭曲、异变。

　　通过假设推断（失中有得、得里蕴失）—个体生命的成熟丰盈。

还可以通过类比来推理,看字数是否足够,灵活处置。

那么,如何求得心中的那份平静从容呢?（怎么样）

从读万卷书中来。

从行万里路中来。（反复的方式）

当然,顺其自然并非随波逐流、听之任之。总觉得志摩先生"得之我幸,失之我命"的浅吟透着那么点颓唐,相比而言,更欣赏王蒙先生的高歌"让所有的日子都来吧,让所有的日子都去吧"那掩不住的豪情。生活嘛,需要顺其自然的睿智,也少不得有所作为的斗志。

（宕开一笔、思辨一下、点点标题和开篇）

（全篇纵向一条线的感觉,主体段落明晰的板块应该能呈现给阅卷教师）

例二:

> 岛屿矗立在海上,当茫茫海水退去的时候,却发现自己与大陆紧紧相连。

人生的起伏、见闻的真假,诸如此类的解读还是缺乏对材料的整体性解喻,虽然貌似有点道理。有海水、海水退去蕴含人生起伏,貌似有理;海面上的岛屿,海水退去的岛屿,一假一真,都是矗立在那儿的岛屿,可岛屿哪来真假之辨?材料中有三个喻体,不能只着眼于其中之一,而无视其余。再强调一次,整体感!

材料的核心意思言简意赅地归纳起来应该是"看似隔离,实则相连"。由此得出"透过表象,认清本质",应该说这样的立论是没有问题的,可是感觉很难说到心坎上,似乎有些说不清道不明的理由,总感觉差了那么一口气。

回头再读材料,再次归纳材料,恍然大悟,先前的提炼缺少了主语,材料的核心意思言简意赅地归纳起来应该是"岛屿与大陆看似隔离,实则相连"（在海水的遮蔽下）。"透过现象,看清本质"的立意不尽如人意的理由很简单,这类文章很难体现岛屿之小与大陆之大的精妙隐喻,大抵沦于空空而谈、泛泛而论,给人以空中楼阁的虚幻感。当然,"透过现象,看清本质"本身并没有问题,只是缺少了铺垫而带给阅卷教师突兀感,其实将其作为全文的升华性结尾还是很赞的。

岛屿,孤悬海外,最容易令人产生的联想是人的特立独行,就此侃侃而谈自我意识的觉醒,这样处理也是存在问题的,你置"大陆"于何地?我们总以为自己是独一无二存在的,可事实上确实是时代、文化、文明塑造了我们每一个人,我们身上永远不可能抹去时代的烙印与文化背景的标签。

谋篇示例:

> 看似隔离,实则关联
> (小大之间)
> 不同的领域(艺术、历史、人生)
> 升华为"全局观"总括全篇

> 　　　　　　　　地域文化
> 关联(小大之间) 民族精神　塑造了"人"　家国情怀　世界眼光
> 　　　　　　　　人类文明

思路举隅:

标题:文化土壤　　　　　　　先声夺人的标题,心中充满了期待

起笔:由屠呦呦获奖写起　　　心中咯噔一下,早年飞人刘翔、无臂刘伟深深地伤害过我(小众化)

承接:医学传统的根源　　　　(从技术层面加以分析)

承接:医学传统的根源　　　　(从悬壶济世的人文情怀层面加以分析)

转入:传统文化所塑造的屠呦呦　(入世与出世一体两面的屠呦呦,获奖后的屠呦呦,不争)

　　　　　　　　　　　　　　(如水的屠呦呦,滋养生灵而不争,课内用上了)

再转:当下时代的我们　　　　(分享人类文明的所有成果)

合:　世界眼光,中国灵魂　　(形式上点一下题)

例三:

　　如果你一直向上看,你就会觉得自己在下面;如果你一直向下看,你就会觉得自己在上面。

立意环节存在的最大问题可能在于<u>对材料的解喻、去蔽缺乏全局性的眼光</u>，也就是没有做到反复强调的"<u>我们务必将材料视作一个整体</u>"这一要求。

如果你　一直　向上看,你就会觉得　　　　自己在下面;

如果你　一直　向下看,你就会觉得　　　　自己在上面。

　　　一成不变的　视角　这是主观感受　妄自菲薄、自卑

　　　(3)　　(1)　　不是客观事实　妄自尊大、自傲

　　　　　　　　　　　　这是一种错觉　<u>自我认知与定位</u>

　　　　　　　　　　　　暗含批评之意　　　(2)

　　　　　(4)　　很多学生没有关注到

这是一则典型的隐喻类的材料,材料给出的是现象,也就是我们要探讨的话题:视角造成的自我认知的错位,与外界的环境没有关系;与参照物也没有关系,一旦通篇文字纠缠于环境、参照物就明显偏题了。

谋篇示例:

(一)隐喻类的材料如果给出的是某一现象,请务必从造成这一现象的原因剖析起笔。

(二)视角、定位、心态、析因、对策等,我们一一道来,其实以上内容还是都归属于个人的范畴,个人之后,完全可以将视野拓展开来,一转再转,在转中呈现宏阔的视界,并完成 How 的问题。而视野一旦变狭窄后,内涵就明显显得单薄,为了凑足字数,有些话语难免有所重复,显得拖沓冗长。

(三)我们在剖析原因的环节中,可以分别解读仰视、俯视之弊,但务必有一个合起来的片段,所谓整体性解读的意识就这样体现。

(四)介绍一个不错的过渡句:"以物理之道移之于人生之路又何尝不可?"

(五)建议:结尾处可以引入"平视"的概念,算是对应之策的形象化表述吧。

举隅:俯视未免自大,仰视未免自卑,还是平视吧,不卑不亢,平等理性。如此一来,才能真正意义上正确定位,既定位自己,又定位他人,无须再为人生的沉浮而烦恼,进而在生活或工作中继续前行。

习作展示：

位置　视角　高度（节选）

处于人生的顶峰，并不是天生而来绝对不变的；落入谷底，也并非永远的。如何坚持，再成就辉煌，如何走出阴霾，步入阳光，完全取决于你看待自己人生处境的态度。

成功时，要向上看。向上看的，不仅是你坚持的目标信念，也要看到在你之上其他人的存在，而你好比沧海一粟，这并非否定自己的存在，而是不被冲入云霄的快感迷失了自我。（分一）

失败时，要向下看。向下看的不仅是落后你的人们，更要看你走过的路，这会带给我们坚持的信念，回顾过去，才能成长。失败并没有多严重，视角不同，对我们的影响价值才是重要的。（分二）

在不同的位置，以不同的视角看待我们成败的点滴、时代变迁、社会成员的人生态度。（合）

中国已从 20 世纪 60 年代的追求温饱社会步入小康社会。时代变了，我们追求的，大部分人应追求的不再是物质上的满足，精神上的富足才尤为重要。若追求物质，只能说这是一个有钱的时代，却不能以辉煌著称。面对物质财富，我们要往下看；面对精神财富，我们要向上看，精神是不尽的泉水，会一直流淌下去……

作为新时代人，我们要以高度来衡量视角，以视角来使位置处境为我们所用。

知己才能进取(自知者明)

人处于上方还是下方取决于视角的方向。因而一个人自己对自己的认识与定位往往取决于自己与他人的比较。所以,我们对自己应有一个准确的定位,应当深入了解自己,知己才能进取。

人总有攀比心理,在群体中,免不了与他人比较,因而会产生向上看或向下看。然而,在一个群体中,真正登临顶端的人与完全被压在底端的人毕竟只占少数,大部分人都是处于"比上不足,比下有余"的模糊概念中。因而,清楚定义自己的位置显得弥足珍贵。一个人向上看,就能看见胜过自己、超越自己的人;向下看,就会看见不如自己的人。同时,我们又不能只向上看,一直仰视只会给自己无限压力;又不能只向下看,永远俯视会让自己沾沾自喜不思进取。因此,清楚自身的定位后的进取比不切实际的幻想与不思进取的侥幸有用得多。此外,清楚自己的定位才能有前进的方向。

非但个人要在群体中通过向上或向下看来寻找自己的定位,整体乃至所有人同样也要清楚自己的定位。人类向上看,看到了自然的壮阔,看到了自己的渺小,因而人们开始自卑起来;人类向下看,看到了低于自己的所谓"低等生物",看到了别的生物短暂的生命,看到了自己的崇高和伟大,自诩为高等生物。因而人类更要清楚自身的定义,我们是立志改造世界、改变万物的万物之灵还是只是随波浮沉,如先前无数个其他物种一般,在漫长历史中只是昙花一现的存在。

　　只有在清楚自己的定义后,个体才能在其所在的整体中实现自己的价值;在明确自己的定位后,作为个人才能有追求上进的想法。同时,不会好高骛远,也不会沾沾自喜。人类整体也是如此,在清楚自我后,人类才能做到在不伤害大自然,与大自然和谐相处的前提下,有所进取,不断发展。无论是个体、整体乃至整个人类,只有清楚地了解自己才能有所进步,有所发展,即知己才能进取。

　　多向上看,同时,多向下看,多看看别人才能了解自己,而知己后才能进取。

第三节 整体眼光看寓言

我国著名儿童文学家严文井说:"寓言是一个魔袋,袋子很小,却能从里面取出很多东西,甚至能取出比袋子大得多的东西。寓言是一个怪物,当它朝你走过来的时候,分明是一个故事,生动活泼;而当它转身要走开的时候,却突然变成了一个哲理,严肃认真。寓言是一座奇特的桥梁,通过它,可以从复杂走向简单,又可以从单纯走向丰富。在这座桥梁上来回走几遍,我们既看到五光十色的生活现象,又发现了生活的内在意义。寓言是一把钥匙,这把钥匙可以打开心灵之门,启发智慧,让思想活跃。"

"寓者,寄也;言者,话也",所以寓言就是"寄托的话"。寓言用短小、简练的故事寄寓意味深长的道理,带有讽刺或劝诫的性质。就手法而言,多用借喻,借此喻彼、借远喻近、借古喻今、借小喻大,使富有教育意义的主题或深刻的道理在简单的故事中得以体现,具有鲜明的讽刺性和教育性。

寓言多用比喻,为什么本节与"隐喻的去蔽"分开单列呢?理由十分简单,基于两者属性的不同,寓言是叙述性文体概念,而借喻则是修辞,是写作手法,所以在解读寓言与比喻时,虽有类似处,更多的则为思维眼光的区别。简而言之,在上节内容中,"隐喻的去弊"强调整体性设喻的解读,但绝不能忽视局部性设喻的理解;而寓言作为故事,我们甚至可以整个寓言作为单一的喻体,所以解读寓言更需要宏观的、全局性的眼光,万万不可断章取义,就如同我们常说的那样:谎言不可怕,可怕的是局部的真实。

我们应当如何来解读寓言呢?用"项庄舞剑,意在沛公"来形容寓言是最恰当不过的了,寓言故事本身只是一个发端、一个载体,情感、思想、哲理才是作者真正的意图所在。解读寓言,我们需要整体性眼光以及发散性思维。所谓整体性眼光,是指我们不仅要考量行为过程,还要考虑行为的结果,更不能忘了行为主体,任何一个思想维度的缺失都可能导致对寓意理解的偏差;所谓发散性思维,参考寓言的特征便一目了然,寓言故事只是一个"点",我们只有将之置于虚幻与现实、历史与未来、横向与纵向的坐标中,才能获得深层次的理解。

思维导图:

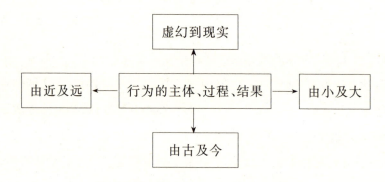

例一:

> 甲、乙两个好朋友吵架,乙打了甲一拳,甲在沙地上写了"今天我的好朋友打了我一拳"。又一次外出时,甲不小心掉进河里,乙把他救了上来,甲在石头上刻了"今天我的好朋友救了我一命"。乙问甲为什么要这样记录? 甲说:"写在沙地上,是希望大风帮助我忘记;刻在石头上,是希望刻痕帮助我铭记。"

生活中,有许多事是可以忘记的,有许多事又是需要铭记的。请以"铭记与忘记"为话题,写一篇不少于800字的文章。自定立意,自选文体,自拟标题。所写内容必须在话题范围内。

记得《史记》中有门客劝说信陵君的一段话:"物有不可忘,或有不可不忘。夫人有德于公子,公子不可忘也;公子有德于人,愿公子忘之也。"将它与文题中的材料照应起来,可以拓展我们的写作思路,如:忘记他人的嫌隙,铭记对方的恩德;忘记个人的得失,铭记肩负的重任;忘记曾经的荣耀,铭记别人无私的支持和帮助;忘记个人的名利地位,铭记人间的至爱亲情;忘记个人的成败得失,铭记民族的苦难耻辱。作为寓言类材料,这道试题的指向是十分明确的,没有难度,忘记不快,记住恩惠,由此为出发点进行发散性思维,从历史到现实,从个体到社会,令人"不快"

的,需要牢记的内涵是极为丰厚的,给写作者提供极为广阔的空间。

习作展示:

在忘记与铭记的两岸

席慕容说:"生命是一条奔流不息的河,我们都是那个过河的人。"在生命之河的左岸是忘记,在生命之河的右岸是铭记。我们乘坐着各自独有的船在左岸与右岸之间穿梭,才知道——忘记该忘记的,铭记该铭记的。

行走在人生路上,我们笑看窗外花开花落、叶枯叶落,静观天外云卷云舒、风停风起。在路上,我们经历太多悲喜交集的事,在生命之河的航行过程中,我们学会忘记该忘记的悲欢之事,学会铭记该铭记的点点滴滴。

东坡披发仰天大呼"大江东去",他面临的那些烦心琐事顷刻之间沉入滚滚波涛之中,消失得无影无踪。壮阔的滔滔江水让东坡选择忘记,忘记那些失意、悲伤,忘记那些仕途的不得意。陶潜伴着"庄生晓梦迷蝴蝶"中的翩翩起舞的蝴蝶在东篱之下悠然采菊。面对南山,渊明选择忘记,忘记那些官场的丑恶,忘记自己遇到的所有不快,这是心灵的选择,这是过河人在"河"的两岸所做出的明智的选择,这更是明智的"摆渡"。

人们在河的左岸停留着,在这之外,同样又有在右岸快乐生活着的人们。

坐在池边亭下泪流满面独酌的易安居士,用她的文字告诉我她永远铭记这一生中所经历的点点滴滴,那是她在"争渡"途中所做出的选择。海子用

点评:习作有诸多的优点姑且抛开不谈,还是围绕本节内容的主题来作简评,文章的文笔含蓄隽永,主旨表达看似含蓄委婉,但是阅读者还是能明确而清晰地把握写作者的思考成果,那就是做人要洒脱、从容、旷达,实现准确解读寓言寓意的目标。

"面朝大海,春暖花开"告诉我"从明天起"他将记住所有的人生之"水",因为那是他用于"浇灌"他的"花儿"的"玉露"。三毛用她的文字永远地记住了撒哈拉的灵魂。凡·高用《向日葵》永远记住了他的"船"……

这些是生命之河两岸的人生,这是忘记与记忆的选择。风吹起花瓣如同阵阵破碎的童年,决荒的古乐诠释灵魂的落差,躲在梦与记忆的深处,听花与黑夜唱尽梦魇,唱尽繁华,唱断所有记忆的来路,由分明的笑和谁也不知道的不分明的泪来忘记该忘记的不快和琐碎,来铭记该铭记的深刻与永恒。

茕茕白兔,东走西顾,衣不如新,人不如故。航行于"生命之河"中,坐在自己独有的船上,知道——忘记在左,铭记在右,中间是无尽穿梭。

例二:

田野里住着田鼠一家,秋天里它们开始收藏食物,只有一只名叫杰克的田鼠例外,它只是收藏阳光、颜色和单词。冬天来了,天气很冷,杰克拿出阳光,昏暗的洞穴顿时变得明朗、温暖起米;它又用收藏的颜色开始描绘红的花、绿的叶和黄的稻谷,让田鼠们仿佛又回到了夏季美丽的田野;杰克还用单词讲了一个故事,田鼠们听得入了迷。最后大家欢呼:"杰克,你真是一个诗人!"但有只田鼠却说:"如果都像你那样,大家不都饿死?"

其他田鼠在收藏食物,但杰克收藏诗意,诗意使生活美好,可没有食物又会饿死,这真是一个两难的抉择啊,物质与精神,生存与生活真的难以两全吗?这不禁让人想到王尔德的苦涩:"你拥有打开天堂大门的钥匙,却不去用它,也不准别人用它。"

引领人们走向幸福这至高境界的,永远是精神而非物质。譬如,我们之所以有别于动物,正在于我们以丰富的情感探索大自然的诗意与精神的世界。然而现在的人们为了丰富的物质生活,以心为形役,用世上的麻木苦楚将自己的灵魂禁锢了。于是,大家纷纷丢掉手中的钥匙,无视高于美酒佳酿层面的美好,将世界美好的可能性局限于巴掌大小。

物质是基础,精神是追求,只有当我们的精神得到满足才能真正地享受物质充盈的快感。试想在寒冷的冬天,让自己像众多田鼠一样窝在阴冷、潮湿、黑暗而压抑的洞穴里待上整个冬天的唯一好处仅仅是不挨饿,你会乐意吗? 这场景似乎是当下社会生活中人们所处环境的真实写照。在社会这个牢笼中,密集的人流,沉重的压力,杂乱的环境带给我们的是压抑沉闷。此时试问还有谁能大声地说我享受着吃饱穿暖的满足与快乐呢。

精神富足的重要性如此清晰明了,但这绝非否定吃饱穿暖的物质满足的不可或缺。在如今人们疯狂追求精神这样一个虚无的时代,只强调精神也是空谈,毕竟没有人会饿着肚子去追求精神这样一个虚无的东西,社会的背景决定了大众的选择。面对吃饱穿暖还是精神富足的选择,确实值得慎重思考的。

习作展示:

诗人与农民

杰克是一个诗人,大家都这么说。但是,仅凭一个诗人,大家就可以生存了吗? 农民靠在墙边说。这是长久以来一直争论不休的话题,是艺术审美重要还是现实生活更重要?

我认为只有艺术与现实共同发展,以现实生存为艺术创作提供物质保证,以艺术之美为现实生存提供精神追求,才能使"田鼠一家"平安"过冬"。

凡·高不得不创作一些当时流行的画作迎合富人以求赚钱买颜料;贝多芬跑遍各家剧院低价卖出曲子以便偿还债务;米兰·昆德拉曾在杂志上写星相占卜以此养家糊口。这些人都是自己领域中

点评:当大多数学生的主旨表达一边倒地重精神而轻物质之时,本篇习作的写作者能以更加宏阔而理性的眼光审视材料,诗人传递自己的看法:无论是重物质轻精神还是重精神轻物质,都是有失偏颇的,只有在物质得以保障的前提下,精神追求才有可能得以实现,反过来精神追求得以实现又使物质的价值得到真正的实现。写作者对寓言的解读既做到整体

的诗人,是艺术界的大师,可为什么还要为五斗米折腰?与陶渊明敢于狂歌五柳前的壮举相比,他们似乎"卑躬屈膝",但不要忘了陶潜家破人亡的悲剧。我们不禁要问是什么阻止艺术的脚步,是什么杀死了诗人?如果这些大师有一个更好的生存环境,有完整的衣食三餐,他们难道不会有更大的成就吗?仅靠艺术是无法存活的,就像那只田鼠所言,如果世界只有诗人,纵然精神文明有多么进步,人类也止不住毁灭的脚步。

同样,卡夫卡笔下那个没有艺术、没有诗歌、没有色彩的城堡也令人悚然。当艺术被禁锢,人们的生活只剩下劳作时,人便退化成原始的动物,没有思想。很多例子告诉我们只有生产没有艺术的时代是多么的灰暗。《笑忘录》中曾说:"人们都围成一个圈手拉着手跳舞,而诗人像脱离了引力的石子不断坠落下去。诗人想加入他们却被无情地赶了出来。"田鼠固然仅凭粮食就能生存,但也仅此而已,它们永远不知道快乐的滋味,美的魅力。这样的社会只会退步,无法前进。

古往今来的教训指明:只有艺术与现实相互作用,只有诗人和农民携起手来,文明才能被推动。而且现代人似乎正逐渐认识到这一点。如今政府开始对年轻艺术家实行生活补贴,让他们安心创作;学校也已开进农村,让更多孩子能受到艺术的熏陶。诗人与农民双向往来,彼此扶持;艺术与现实相互依存,共同进步。现代社会中双方的相互理解与努力一定能避免历史的错误,加速文明的进程。

审视又不失客观冷静。

事实上我们想做,也正在做诗人与农民,艺术与现实的合作。或许故事中的田鼠们还没有明白其中的道理,但我们都已明了。

例三:

> 莲花姐妹去闯世界,姐姐选择了温暖舒适的池塘,后来变成了睡莲;
>
> 妹妹顶风冒雪爬上了雪山,最终活下来成了雪莲。

针对这则寓言性材料的立意,学生容易犯的错误主要有以下几种:(1)单写"选择"——"一失足成千古恨";(2)单写"环境"——环境对人的成长的重要性;(3)片面地写"生于忧患死于安乐"。此外,以"选择适合自己的道路""守旧和创新""一分耕耘一分收获""奋斗"等为立意都是没有真正的理解材料。

当然,有这样的想法不能全部怪学生。在传统语境中,在教育中,一看到"温暖舒适",就立刻在脑子里贴上一张"好逸恶劳"的标签,而且反反复复地给学生灌输这样一种思想。所以,导致许多学生对莲花姐姐的评价基本上是持一边倒的批判态度,难得看到几篇客观公正的评价文章,因为多年来的教育告诉他们首先要"政治正确""一元论""非此即彼",凡是与所谓主流价值观稍有偏差的都该被打倒在地。其实,现代社会应该是一个多元化社会,应允许不同的思想、不同的声音同时存在,这样的社会、这样的民族才是宽容的、进步的。

那么,我们应该如何来解读这则寓言材料呢?(1)从整体上把握材料。材料中的主谓宾,命题中的前提、结论、主体、对象等都需要考虑。"莲花姐姐选择温暖的池塘,成了睡莲"。其中温暖的池塘和睡莲意味着一种安适的生活方式和人生态度,没有轰轰烈烈,只有平静、安谧。而"莲花妹妹顶风冒雪登上雪山,成了雪莲"。顶风冒雪、雪山暗示了艰难的处境和坚忍不拔的精神,是一种不畏艰难的人生态度。要扣住材料,还要有具体分析。(2)揣摩材料中命题教师的价值倾向。材料中两种选择并没有高下优劣之分,所以站在一个公正客观的立场来关照较为合适。当然,在把两者分析清楚后,在文章结尾处可以表明个人的立场,如"在两者中,我更欣赏谁的态度",但不要在全文的层面上批判一方而肯定另一方。

习作展示：

池塘中的雪山

那雪莲傲立于雪山冰川之巅，俯视芸芸众生；那睡莲安于静谧舒适池塘，婀娜静默绽放。

我们不能否认雪莲的清冷孤傲之美，亦无法漠视睡莲的静态安适之姿，毕竟她们在故事中找到了自身的心安之所，也得以在此地将自身美丽及才华得到真正的展现。

其实睡莲的选择并非是对拼搏的放弃，而是在拼搏过后选择更加适合自己的温暖舒适之地。这是它的本心，这是它闯荡世界的追求；而雪莲的选择也并非是对安于现状的放弃，它追求的是拼搏，安于的也是拼搏本身，它冒雪爬上那冰峰，拼着失去一切的风险，因为安于的是拼搏后登上顶峰的自己。

它们本质上是一种人，只是同一种事物所展现出来的矛盾的两面。它们都清楚地有一个明确的目标并有着为之前行的勇气和决心，都是敢于闯荡之人，也都是在闯荡后找到自己真正的位置时，能将自身才学得以真正体现的有目标且有决心的人。

这样看来，那么雪莲妹妹所遭受的一切苦难相较于其姐姐的舒适安乐似乎就成了一场荒诞的剧幕，毕竟付出一切，倾尽所有甚至以生命为代价却得到了几乎一样的结局，这似乎是对那些勇于登顶之人的讽刺。但是，恰恰是追求安适之人因与倾尽所有之人观念不同所造成的误解。其实那些想将自身为烛，即使焚烧净尽亦想在灰烬之上燃起希望之火的人也是同样觉得安适才是对人生的讽刺，是一种对自身的放纵和不负责任。

　　其实睡莲在其领域内也是在不断追求登顶之人，它安于温暖舒适，但同时也在向更加温暖舒适的生活努力，就像我们现在的生活较之古人无疑是更加幸福和美满，即使在衣食上大体有了保障，但我们并没有因此而止步，我们追求的、拼搏的正是更高层次、更高等级、精神上的温暖舒适，而这同样是一座没有尽头和终点的绵延雪山。也就是说，虽然我们好像身处温暖舒适的池塘，但我们的心中仍旧在雪山的悬崖上攀爬，未曾停歇。

　　虽说都是对理想幸福的追求，在逆境中保持安适之心和在顺境中坚守拼搏之意。我更倾向于后者，毕竟就人类整体而言，在一个像池塘一样温暖舒适的社会中，那些为了追求更加温暖舒适的生活而向雪山巅峰攀登的人，更多表现出的是我们所向往的和平幸福的姿态。虽然，就个人而言，无论池塘的庇护还是雪山的磨砺，都是追求理想的方式，但就人类整体而言，我希望那是一个池塘，而非雪山。

　　所以我最希望看到的是——

　　池塘中的雪山。

第四节　联想与象征

近十年来，上海语文高考试卷中的作文题均为材料作文，其实回顾当年的命题作文或话题作文，可以给我们很多启发，毕竟，很大程度上我们可以将命题或话题理解为材料作文中重要的概念或现象。我们先回顾 2002 年的命题作文《面对大海》和 2003 的话题作文"杂"，摘取两篇优秀习作的开篇，开启本节的内容。

面对大海（片段一）

面对大海，我想起了"惊涛拍岸，卷起千堆雪"，我听到了一曲人生激昂的歌；面对大海，我想起了"海上生明月，天涯共此时"，我看到了一幅人间温馨的画；面对大海，我想起了"海纳百川，有容乃大"，我翻开了一卷人生厚重的书。

乱花渐欲迷人眼（片段二）

"暮春三月，江南草长。杂花生树，群莺乱飞"，其中的"杂花"一词非但没有给我们纷乱不堪的感觉，反而，它给我们一种万物复苏、一派蓬勃的景致。确实，虎啸深山、鱼游潭渊、驼走大漠、雁排长空的杂景纷呈，会时时令人感到喜悦与顿悟。其实，在文学的海洋、丹青的园林、音乐的殿堂中，"杂"又何尝不撑起一片绚烂的天空。

片段一中，写作者抓住大海的"形"，将话题自然而然地引到"奋斗""真情""包容"的主题，可谓构思巧妙；而片段二中，写作者将"杂"这一抽象的概念具象化，谈论的话题落脚在文学、绘画、音乐三个各自独立又彼此关联的艺术领域，避免行文可能的泛泛而谈、空洞无物。事实上，这类文章最基本的思路，或由实而虚的抽象化，或由虚而实的形象化。无论何种类型，均须借助"联想"的手段。而文章构思、立意的关键在于联想时一定要紧扣虚实两物的内在联系，切不可天马行空。

　　换而言之,当下的材料作文中,会出现大量的形象、人物、事物,它们极有可能扮演着象征体的角色,需要我们用心挖掘其间的象征意,本节内容主要就此展开探讨。

　　象征手法是根据事物之间的某种联系,借助某人或某物的具体形象(象征体),以表现某种抽象的概念、思想和情感。巧妙的象征手法,可以将某些比较抽象的精神品质化为具体的可以感知的形象,从而给读者留下深刻的印象,赋予文章以深意,从而给读者留下咀嚼回味的余地,进而使文章立意高远,含蓄深刻。从象征体到象征意必须以联想作为"桥梁",而联想最常见的思维路径有相似联想、相关联想及相反联想(对比联想)。

思维导图:

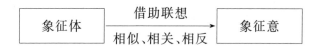

例一:

　　塞尚说:"如果我确知我的画将会被破坏,我将不再画画。"而勃拉克却说:"如果我确知我的画将会被烧掉,我将拼命地画。"对此你有怎样的思考?请写一篇文章,谈谈你的想法。

要求:题目自拟,不少于 800 字。

　　"画画"的本质和内涵是:艺术家以手工方式在二维平面上呈现造型艺术的一种行为,是一种自我表达、实现自我价值、证明自我存在的行为。据此,我们就可以把具体的"画画"引申为抽象的"画画",那就是:人们以不同的方式完成自我表达、确证自我存在、实现自我价值的行为,从而使"画画"具有象征意义。

　　完成关键概念"画画"的界定,我们就可以放心地将材料原先设定的"画家画画"这一情境引申、扩大为"每个人进行自我表达、自我实现、自我证明"这一范围。引申、扩大的情境和范围一定要和原先的情境、范围是两个同心圆,以保证核心不出现偏差。

思维导图：

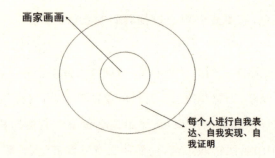

画家画画

每个人进行自我表达、自我实现、自我证明

例二：

　　唐诗曰："一叶落而天下知秋。"宋诗云："春色满圆关不住，一枝红杏出墙来。"一叶飘落而知秋，一叶勃发而见春。寻常细微之物往往是大千世界的缩影，无限往往收藏在有限中。对此你有怎样的思考？请写一篇文章，谈谈你的想法。

要求：题目自拟，不少于 800 字。

材料中的"一枝""一叶"代表的是个体，是"寻常细微之物"，是"有限"，它象征"小"；"一世界"代表的是整体，它"无限"，它象征"大"。整个题目说明"小事物中能包含大千世界"的道理，也即"以小见大"或者说"小中见大"。

其实，不光是唐诗宋词中采用"以小见大"的写法，一切文学艺术都离不开这种创作手法：舞台艺术中的"以少胜多"、中国画的"留白计黑"、一部《红楼梦》成为封建社会的百科全书、《桃花扇》"借离合之情、抒亡国之恨"……都借助"以小见大"的手法。

"一枝一叶一世界"的道理源自佛经，佛经上曾云："一花一世界，一树一菩提。"它提供了我们认识自然的一个重要途径。有趣的是，现代科学中全息技术、基因理论都证明了这一认识方法的可行性。科学研究总是从具体的自然现象中发现其普遍规律，古人说："审堂下之阴，而知日月之行，阴阳之变；见瓶水之冰，而知天下之寒，鱼鳖之藏也；尝一脔肉，而知一镬之味，一鼎之调。"（《吕氏春秋·察今》）说白了，就是洞烛幽微、见微知著，就是窥一斑而见全豹。

推而广之，认识社会、感悟人生都离不开这一至理名言。我们"于细微处见精神"，从一颦一笑、一举一动中了解别人的思想情感；我们防微杜渐，从一事一物、一动一静中检点自己的行为举止；从日月更替、莺飞草长中感悟人生道理……

习作展示：

"小"时代

在广阔的天地间，山水绵延一片，远方尚不可知，你我在广义上来说，细如微尘。甚至真正比微尘还小的可吸入颗粒物都比你我有更高的关注度。想想百年后连微尘都不如，不禁有"人生天地间，忽如远行客"的萧瑟之感。

万幸，这是一个互联网时代。

只记录"大"时代和有用事物的时代结束了，一切被记录的都会是有意义的。

并非互联网时代的到来方使事物有了意义，而是这张"网"构建了一个面向无数平凡人的"小"时代。记录平凡化，即使生活中细枝末节的小事，只要愿意，记录变得简捷，可以记下山川绵延的壮阔，可以记下远方未知的新奇，可以记下"人生天地间，忽如远行客"的萧瑟……

我如此感动，每一分钟都与世界有着强烈的联系。前一次是读到梁启超的新史学观，"为全体国民写史，写全体国民的历史"。写史对象的转变，不再仅为帝王将相写史，不再仅为权力掌控者提供借鉴，为你我为千千万万平凡的不会在青史上留下痕迹的国人。激荡起拳拳爱国情怀，在那个激烈变革的大时代，原来个体与国家的联系如此紧密。

我感动于早在 14 世纪文艺复兴时期强调的人的价值并发现"人"在互联网时代,以另一种方式再次实现。我记录着我的小小世界,一个个小小时代。

虽然这个时代为人诟病的地方很多,信息爆炸,物欲横流,虚与实的界线越发不分明,我承认互联网时代不可忽视的缺陷,甚至有时也会抱怨拉开了人与人之间的距离,但我仍然感谢这个给无数个体提供平台的大时代。

或许终了一生,大多数人仍然庸庸碌碌,他们的存在化为时代中的小小数据,但我相信,当无数小小的数据堆叠在一起,它会成为支持这个大时代的中坚力量。

而对小人物自己,平凡的生活点滴涓念成河,如何成长、如何变化或如何虚度光阴,是自己对自己的审视。

这个时代一日千里,很大。

这个时代细如微尘,很小。

这个时代宏阔,这个时代平凡。

【整体点评】

> 小小个体所构建起的大时代,视野宏阔,与历史、文明的交织浑然一体。现在呈现的结尾是修改后的文字,名副其实的一类卷,63 分以上。

例三:

根据以下材料,选取一个角度,自拟题目,写一篇不少于 800 字的文章,不要写成诗歌。

郑板桥的书法，用隶书参与行楷，非隶非楷，非古非今，俗称板桥体。他的作品，单个字体看似歪歪斜斜，但总体感觉错落有致，别有韵味。有人说这种作品"不可无一，不可有二"。

聪明难，糊涂难，由聪明转入糊涂更难。放一着，退一步，当下心安，非图后来福报也。

用隶书参与行楷（继承），非隶非楷，非古非今，俗称板桥体（独创）。板桥体被称为一种"体"，并以郑板桥的名字命名，可见社会和历史肯定其是一种创造，如物理上的"牛顿定律"、小说中"欧·亨利式结尾"。但是，这种创造又不是凭空而来的，是"用隶书参与行楷"得来的。所谓的"非隶非楷，非古非今"，实际上是"有隶有楷，有古有今"，所以体现了"继承与创造"的关系。谈继承，目的是创造；谈创造，要突出来自继承。

单个字形看似歪歪斜斜（个体、个性），但总体感觉错落有致，别有韵味（整体）。不过有一"但"字，重点在后面。板桥体的美是整体美，是"别有韵味"。这个"别"字，有意思，强调是一种与众不同的"韵味"，是有创造的美。这里涉及的是"局部（个体）与整体"的关系。但是，这里的"局部（个体）与整体"的关系，又不是"人多力量大"或"团结就是力量"等的加法关系，而是"呼应、协调、避让、整体布局"的关系，是"个性"的最佳组合（"错落有致"）。

注意：这里的"歪歪斜斜"，不是缺陷，是一种特点、一种风格。

"不可无一，不可有二"这句话高度凝练。它有两层意思，一是强调其独一无二的价值，所以不可跟风、模仿；二是强调其不能成为主流，只能略备一格罢了。注意不可把"不可无一,不可有二"简单地抽象成"独一无二"。这里不是强调其数量的唯一,而是强调其个性及独创性。

这句话是"有人说"的,所以,并非定评。这句话的潜台词还是否认其主流字体的地位的,也许在其看来,书法要论正统,还得数颜体、柳体、欧体、赵体等,板桥体的存在丰富了书体的风格,但正统的,可以推广的,还是颜体、柳体、欧体、赵体等。命题者用"有人说"这样的表述,提醒我们可以否定其观点。这又是一个角度。另外,四组关系之间又有若干复杂的情况,这样生发出的角度就更多。

话又说回来,任一有特点的物、事、文化现象,乃至有特点的人,又有哪一个不是这样的呢?所以只要你理解了材料,在写作时,切入点是无穷无尽的。说古的,有唐诗、宋词;说时尚的,有周立波的"海派清口";说大事,有奥运会、世博会;说小事,可以谈自己的创新经历。

通过对材料中诸多信息的解读后发现,材料其实提供了一系列的"象征体",借助联想,尤其是对比联想,我们可以挖掘出一系列的辩证概念:继承与独创(模仿与个性),局部(个体)与整体,另类价值与主流价值。

习作展示:

传承与创新

板桥体,看似单个字形歪歪斜斜,但总体感觉错落有致,别有韵味。如果有人因此而羡慕郑板桥的成就,想借模仿他的风格来出名,那么他必然会进入一条死胡同。因为有人说,这种作品"不可无一,不可有二"。说"不可无一",是肯定了板桥体独特的艺术价值和不朽的艺术地位;说"不可有二",则揭示了艺术创作真理,正如贾平凹在信中对小妹说的:"对于大师,你只能学习,不能效仿。"

【起】直接引用原材料,揭示"不可无一,不可有二"的内涵。

板桥体与扬州八怪的其他艺术风格的诞生,有

180

其独特的历史背景和意义。在压制人才发展、摧残人天性的清朝,扬州八怪用一种不合乎世俗审美标准的艺术风格,表达了自己的人格理想,高尚情操,是对自由的追求,也是对权贵的蔑视和抗争。所以,板桥体的"非隶非楷,非古非今"是挣脱束缚,思想和心灵获得自由的象征,这也是郑板桥作品的韵味所在。如果模仿板桥体,只是有其形而无其神。这样的作品,当然"不可有二"。

【承】在对原材料分析的基础上,说明板桥体诞生的社会意义以及板桥体的精神实质,论述了"不可有二"的原因。

然而,许多人不信奉这个原则,当文学与时尚产生了关联,似乎文学创作也能产业化发展。作家只能按一个模子批量生产。在书店中,占据畅销书架的一会儿是校园青春小说,一会儿是悬疑小说,一会儿又是通俗哲理……花样不断翻新。但是,大多数千篇一律,那些书虽畅销一时,不久就被遗忘在角落,蒙上尘垢,挂上蛛网。马克思说过:"所有的价值最终只剩下时间。"时间会滤去所有跟风的作品,最终只留下一部或几部体现时代精神,关注人类和人生的作品。

【一转】针砭文学创作产业化的现实。以上内容从"不可有二"角度谈创新精神。

难道就不要学习他人的作品了吗?当然不是,那些浮浅的跟风之作,正是对文化艺术传承研究不够,才会画虎不成反类犬,落入俗套。因此,传承是文化生存和发展的基础,创新则注入源源不断的活力。

【二转】谈传承(学习)之必要,深入论述"传承与创新"的辩证关系。

不仅艺术创作如此,生活和生产实践活动中的许多方面,都要传承与创新并重。改革开放后,我国与外界的科技、文化等交流频繁,汲取了不少成功的经验,尝到了甜头。但是,我国的创新实力还有待提高。《文汇报》曾报道:上海的服务业管理照搬制造业管理模式,阻碍了服务业起舞。在此,制造业管理模式也是"不可无一,不可有二"的吧,有变通与创新,才有突破。

【三转】拓展思路,由艺术创作联想到其他行业的创新发展。

不管从事什么行业,我们都要广泛学习他人的成功经验,并充分结合自身特点,选择正确的发展方向,勇于将传承与创新并重,是科技与文艺等发展的根源。

【合】得出结论,自然结尾。

第七章

与材料展开对话

　　本章内容,笔者以"与材料展开对话"作为探讨的话题。首先,我们有必要厘清"对话"的概念。命题教师提供给写作者的材料,基本上是一种、一类或一组社会现象,而社会现象由一系列的概念、话题等内容构成,这些概念、话题就是写作者与其对话的对象。一般而言,命题教师所提供的社会现象是以"事实判断"或"价值判断"的面貌呈现的,这就意味着写作者需要进行概念界定、原因剖析、生成判断等思维活动,换而言之也就是写作者与材料背后的命题教师之间展开隔空的交流——阐释、探究、质疑、反驳、思辨、补充,这就是笔者理解的"与材料展开对话"的概念。

　　材料作文的写作,其实就是写作者与材料展开对话的过程,这是材料作文与命题作文、话题作文最大的不同之一。命题教师提供社会现象类的材料,也就是给出对话的对象,当然这个对象所包含的信息是相对复杂的:首先,它设置了特定的情境;其次,又对对话的范围进行了限制,而这恰恰是材料作文审题立意的难点所在。命题教师希望写作者能用心揣摩命题教师的意图,并挖掘命题教师的话题导向,深入探究,并生成源于材料又高于材料的独到的认知。

　　材料作文审题立意的过程是以与材料展开充分的对话为基础的,并围绕材料所提供的核心话题与诸多概念和命题教师在各个层面展开讨论是写作构思的前提。与材料展开对话,写作者必须具备全局性的眼光,能够准确地、整体性地把握材料。而要做到这一点,写作者在通读材料后,首先进行的思维活动就是对材料进行"成分分析"与"关系分析"。所谓"成分分析",类似于划分板块、层次,区分材料表述中的现象陈述、事实判断、价值判断;而"关系分析"则类似于判断复句的类型,分析各板块之间内在的逻辑关系,常见的有表象的对立、假设前提与结果、条件与结果等。

　　与材料展开对话充分与否、深入与否,还与写作者对材料中的副词、形容词等关键词语的敏感性有关。这样的例子俯拾皆是,信手拈来,如"有人说"意味着不同见解的存在,那就有必要阐释见解不同的原因,追问矛盾双方是否存在对立的统一,"或许"一词的弦外之音与之类似,而"更充分认识"则告诉我们先前是存在相应的认识的,只是比较浅显,还需要进一步深挖。类似的例子很多,读者可以举一反三。

即使将材料作文的类型缩小至社会现象类这一范畴,其变化万端也非一章内容所能道尽。本章内容,笔者主要针对"二元(多元)一核心""原因分析""条件分析"等常见的类别与读者分享教学反思过程中的一些心得体会。

第一节　二元(多元)一核心

社会现象类的材料作文,命题教师往往在所表述的材料中提供矛盾对立的双方,作为写作者而言,自然会分析矛盾双方各自的形成原因,也会关注矛盾双方之所以对立的原因。但是,对矛盾双方表象对立下辩证统一性的挖掘往往会在无意间被写作者忽视。笔者认为,这个统一的属性就是矛盾双方的核心,这一类型的材料作文就是本节标题所称的"二元(多元)一核心"。如果写作者忽略了对"核心"的探究,文章的立意就很难深化。所以,"二元(多元)一核心"的材料作文,写作者与材料间的对话必须以挖掘出对立双方的"统一性"为终极目标。(为了解读的便利,将材料中的概念、现象、话题之类统称为意义单元。)

示例:

生活中,人们不仅关注自身的需要,也时常渴望被他人需要,以体现自己的价值。这种"被需要"的心态普遍存在,对此你有怎样的认识?
(2018年上海卷高考作文题)

请写一篇文章,谈谈你的思考。要求:(1)自拟题目;(2)不少于800字。
"在成长过程中,应该是不断地成为自己,还是成为别人心目中的好人?"
就此话题写一篇文章。要求:(1)题目自拟;(2)不少于800字。

　　这两道材料作文题相似度极高,分别对其意义单元间的关系加以分析,应该能给我们带来一定的启发。"需要"与"被需要"是两个对立的"元";对立的统一在于"体现自己的价值";而"生活中"这个"元"则对写作的范围作出要求。"成为自己"与"成为别人心目中的好人",两个对立的"元";对立的统一在于"成长";"过程"这个"元"要求了范围。

　　如果写作者只是将目光投向两个重要意义单元的对立性,而无视其统一性,那么,文章也就没有深度可言。就第二篇材料作文来说,如果写作者单纯地大谈特谈"做自己"的重要,如何"做自己",行文间有意无意地对"成为别人心目中的好人"加以指斥甚至贬低,那么写作者就是在告诉阅卷教师,在其认知中,个人的成长无关乎别人怎么看。材料所指向的立意果真是这样的吗? 理性辩证的思维方式又体现在哪里? 2018 年上海卷高考作文题中,"被他人需要"其实是"自身需要"的一部分;同样,"成为别人心目中的好人"也是"成为自己"的一部分。"成为别人心目中的好人"很大程度上是为了成就更好的自己,两者之间绝不是简单的针尖与麦芒的关系。

　　所谓成长,是心智的成熟,是追随内心而不放纵恣肆,是对他人意见的尊重而不盲从,是搏击于时代的浪尖而不随波逐流。或者说,一个人真正的成长必定是成为其自己,因为生命的独特性是由人的自然属性和精神属性所决定的。一个人真正的成长也一定会有他人的参与,因为这是人社会属性的体现。在思考成为怎样的自己时,一定会参照他人的标准,在参照和比较的过程中寻找独立的自我人格。如此方能成就更好的自己,完成真正意义上的成长。文章的立意如果能推进到这个深度、这个层次,其内涵的深厚会不言而喻,关键是如何一步步地推进到这个层面? 这就需要我们的头脑不断地质疑、解答,再质疑、再解答。

　　(1)"成为自己"的概念是什么?"成为别人心目中的好人"的概念是什么? 写作者所界定的概念在文字表达上存在或多或少的差异,但有一点必须明确:两个概念的评判主体是不同的,前者是"我",后者是"他人"。

　　(2)"成为自己"意味着成长吗? 可能是,也可能不是。为什么呢?"成为自己"存在积极与消极两种可能性。积极的一面在哪里? 如人格、思想的独立。消极的一面在哪里? 如张扬跋扈、肆无忌惮。区别的标准是什么? 答案是有助于成长。

那么,成长的概念是什么呢?

（3）"成为别人心目中的好人"意味着成长吗? 可能是,也可能不是。为什么? "成为别人心目中的好人"同样存在积极与消极两种可能性。积极的一面在哪里? 至少表现为融入某一群体,融入某一潮流。消极的一面在哪里? 那就很明显,因迎合他人而迷失自我。区别的标准是什么? 依旧是有助于成长。于是我们追问同一个问题,成长的概念是什么? 简而言之,心智的成熟。

（4）"成为自己"与"成为别人心目中的好人"利弊参半,我们怎样才能真正成长呢? 依据上文的分析,趋"利"而避"害"。"成为自己"与"成为别人心目中的好人"很大程度上都能帮助我们成长,甚至"成为别人心目中的好人"就是为了成就更好的自己。于是,我们成功地挖掘出在表面上对立的两个概念的共同点,辩证的统一。在成长过程中,成为怎样的自己,是否有必要成为别人心目中的好人,非常现实地摆在我们面前。至于取舍的标准、应对的措施,无非展现时代精神的主流价值观,只是笔者不太喜欢这样的表述,嫌其僵硬,更欣赏"有趣的灵魂"的表述。

综上所述,材料给我们提供了一个情境,我们需要自主生成判断,并且给出有说服力的理由,同时提出切实可行的措施。

习作展示:

内外之思（一类下）

生命总在生长,因人类有思想,我们人类又把自己的生长称为成长。我们每个人的成长,伴随着思想的进化,总是朝着实现人生意义的方向前进的。

点评:起笔处,写作者实际上是在界定"成长"的概念,即实现人生意义。

那么,是否真如傅佩荣教授在《哲学与人生》一书中所说的,人生的意义只能是由内而发,而不是向外寻求可以获得的? 也就是说,是否应该向着成为我们自己的目标努力,而不再寻求成为"别人心目中的好人"?

点评:紧承"成长"的概念,抛出问题,成长的途径只能"由内而发"吗? 外界的影响能帮助我们成长吗? 很自然地引申到材料中一个重要的意不可否认，人生的主人是每个人自己。但是，由于人的社会性，人们不得不在与他人相处、适应社会的过程中调整自己，于是我们不得不为了"外"而牺牲一些"内"的成分。为了社会生活的稳定和谐，这类"牺牲"是必然的。但是，完全牺牲了自我，去攀附他人的目光，亦不可取。我们仍然需要听从自己的内心，向内看。

> 点评：继续与材料对话，他人心目中好人的标准在特定的范围内是有正面价值、积极意义的，但内心的追求，不应完全被他人的标准左右。

　　所谓成为自己，相对于成为别人心目中的好人，就是要让自己贴合自己定义的好的标准，而不是别人的。自己定义的标准，能让自己在时代洪流中保持自己的个性，这是《哲学的邀请》中所说的："我区别于其他人，所以我是我。"这样的个性又非空谈，而是坚持自己真正所向往的目标的信念。要抓住这般信念，就得"由内而发"，问问自己内心所想。如此，成长过程中，不断地成为自己，即是牢牢抓住人生意义实现的主体。要达到成长的目的，必须以此为根基。

> 点评：再次点到材料中的重要意义单元"成为自己"，强调坚持自我的可贵。

　　而向内看，未尝否定了向外望的重要性。倘若紧紧依附自己，重要的是我们要规范我们自己。也就是说，努力成为别人心目中的好人，倘若同时紧握自我，实质上是让自我的行为不脱离道德、伦理的约束。这帮助我们成为更好的社会公民，可以说，这也未尝不是我们做好自己的重要一步。

> 点评：再进一步与材料对话，写作者指出"成为自己"是有前提的，这个前提就是他人的"好人标准"中对自己的成长有利的部分。

　　向内看还是向外望，应该是兼容并包、各取其长。内外皆有形，我们便成长为自己所向往的模样，达成人生意义的实现。

> 点评：总结全文，做自己也罢，做别人心目中的好人也好，其最终目的是一致的，那就是终极意义上的成长。

（义单元"成为别人心目中的好人"。）

【整体点评】

> 　　画两个圆：一个代表"做自己"，另一个代表"做别人心目中的好人"。如果这两个圆之间是彼此隔离开的，那意味着两者间只存在对立的关系。如此一来，写作者只有两种选择：一是使得其观点有失偏颇；二是二一添作五，导致其观点含糊而无立场。如果深入探究，两个圆其实是有交集的，"做自己"可以是成长，"做自己"也可能并不意味着成长，同样，"做别人心目中的好人"可以是成长，"做别人心目中的好人"也可能并不意味着成长。最终我们可以发现，"做别人心目中的好人"很大程度上是为了帮助我们"做更好的自己"，帮助我们更快、更好地成长。

融自我之独特于普生之善（一类上）

　　在成长过程中，每个人不得不面对人生的终极问题之一："我是谁?"我们究竟应该是不断成为自己还是成为别人心目中的好人?

点评：开篇表明自己与材料对话的姿态，点清材料中两个对立的意义单元"做自己"与"做别人心目中的好人"，而且小作者没有遗漏"成长过程"这一对话的背景、范围。

　　生活在信息时代，也许这一刻某一个不经意的小动作，下一刻便化为流言蜚语，成为别人的谈资，在现实与网络上肆意扩散。我们不得不时刻注意自己的形象，以免成为他人眼中的"异类"。当然，这也并不是我们的错。"人性中一个最特别的弱点，就是在意别人怎么看待自己"。我们生活在群体中，人性的弱点又使我们学会了察言观色。渐渐地发现在成长过程中，越是害怕他人的目光，便越是希望成为别人心目中的好人。

点评：开始与材料对话，我们希望成为别人心目中好人的社会基础与心理动因。

　　这并不是说"成为别人心目中的好人"不好。成为"善"的榜样，成为所有人希望变成的好人，但在潮流中迷失了自我。要知道戴久了面具，终有

点评：对话的话题由对"成为别人心目中好人"的原因探究转入这一心理所导致的普

一天它会与我们肌肤相连,使我们再也找不到真实的自我。这不能成为"我是谁?"这一问题的答案,相反,这是一种懦弱,是一种恐惧,是一种逃避。

　　苏格拉底曾说过:"认识你自己。"我们因他人的目光而害怕接受真实的自我,宁愿成为别人心目中的好人。殊不知这是普天之善但却不是自我之善。只有真实的自我,才是美丽的。"一花一世界,一树一菩提"。花给人美的感受并不只是其鲜艳的颜色或婀娜的身姿,更是每一朵花的独一无二,不尽相同。而一味成为别人心目中的好人,不可谓不好,但却在不知不觉中将这种特别的美和独立的美消磨殆尽。

　　当然,这并不是说我们可以随意追求自我,无视所有的规则。我们往往处于枷锁中,这是由我们内心崇高的道德法则所决定的。"有杀身以成仁,无求生以害仁"。若是如同坠江公交车上那位女乘客一般"彰显自我",则何以堪?

　　在成长过程中,我们是群体的一员,别人心中对好人的标准总会潜移默化地影响我们;我们是独立的个体,独特的自我永远是夜空中最闪耀的那颗星。两者看似对立,实则相通。若能将自我之独特融于普生之善中,就能在成长之路上开辟属于自己的一番天地。

遍存在的负面影响。

点评:话题转回与"做别人心目中的好人"对立的意义单元"成为自己",表明自己的态度和立场,那就是人生的终极意义在于不能迷失自我,而是成为独一无二的自己。

点评:"成为独一无二的自己"是写作者的立场,但是这个立场并不是孤立存在的,而是需要补充前提的,前提即为对公共规则的遵守与尊重。在补充前提条件从而使观点经得起质疑这一点上,本文与上一篇习作《内外之思》的构思是一致的。

点评:总结全文,明确"成为自己"与"成为别人心目中的好人"两者之间的矛盾对立却又辩证统一的关系,将对话推向高潮,在高潮中完美收官。

【整体点评】

> 写作者从"成为别人心目中的好人"这个意义单元开始谈起,娓娓道来、不疾不徐,其形成原因、其负面影响。继而将话题转向材料中对立的意义单元"成为自己",显然"成为自己"是写作者内心赞同的,但是写作者并没有一边倒地"单向立意",而是挖掘到对立双方的统一点即成长。思维品质之高由此展现。行文推进到这一步,我们可以发现,写作者与材料的对话是十分充分的,兼顾到材料中所有的意义单元,无一缺漏,而且思维辩证、重点突出。其实,笔者更愿意相信,写作者在下笔之前,脑海中就已经生成最终的结论,但是写作者并没有在开篇就亮出自己的观点,而是随着与材料对话的逐步深入,水到渠成地推导出最终的观点,这一点,尤其值得称道,毕竟,这样的行文推进更符合人们认识社会现象的客观规律。

"被需要"背后的自我需要(一类上)

我们生活在社会中,与他人交流必不可少,这其中便产生了"需要"和"被需要"的心态,可以说后者心态,很大程度上源于前者。

点评:开章明义地指出材料中两个重要的意义单元"需要"与"被需要"之间的关系,后者源于前者。笔者的意见是开篇抛出话题即可,即便没有讲清楚两者之间的关系也无可厚非。

所谓"被需要"是指人们希望能成为他人赖以实现存在价值的心态,这种心态是普遍而常见的,是"人"作为社会群体中一员而发展出的特有机制。无论是父母无私的爱还是来自朋友的关心,这当中都有"被需要"的影子。那么,这种"被需要"的心态,又是如何产生的呢?

点评:以界定概念的形式继续展开与材料的对话,"被需要"的本质是帮助他人实现人生价值的一种心态,并将对话的话题转入"被需要"心态产生的原因。

这往往是源于人们内心对寻求肯定、实现价值的渴望。倘若我们付出的努力能得到肯定,那么我们将愿意投入更多,当人们对自己行为的对错或存在意义产生怀疑时,"他人"这个参照物便起到重要作用,这种参照常常被反映为"被需要",让人们不至于迷失自我。

　　当然,人具有社会性,社会交流在这里也起了一部分影响因素。这里所说的社会交流是指人基于自我向外界寻求联系的方式,而"被需要"正作为一座桥梁,架起个体之间的相互联系,成为稳固社会地位的纽带。"需要"是相互的,别人的"需要"是会成为自己的"被需要",长久建立的关系也造成我们对这种心态的需要。因为它成为我们努力动力的一部分。

　　由此可见,"被需要"的心态无论对个体还是社会都十分积极,在"被需要"后得到肯定,继续向前;若得到否定,则会促进自我反思。归根结底,这种"被需要"的存在依然是为我们自身"需要"服务,正是我们渴望自我价值的实现和满足的需要,让我们看重"被需要",让"被需要"的心态成为一种"需要"。

　　然而,一些人过度夸大和在意"被需要"时,忘记了自己生活的价值和初衷,成为一味附和、没有自我之需的人,或过度在意别人对自己需求与否,或不明"被需要"应更好地为自己,而不是为他人所用,他们在错误的道路上不断异化。正如《变形记》中的格里高尔,变成了甲虫还想着如何向上司请假,这些人失去了对"人"的认识,成为别人需要的附属品,如此不自知,即使"被需要",于自我又有何价值?

　　诚然,"被需要"的心态在促进自我发展和社会交流方面至关重要,但当下的人更需要关注的是自

点评:借助原因的探究,阐释"被需要"的心态其实是实现自我价值的心理诉求。

点评:对话的话锋一转,指出"需要"与"被需要"之间在很大范围内是重叠的。

点评:随着对话的深入,"被需要"的本质是"自我需要"的认知进一步被强化。

点评:在与材料的对话过程中,所有的意义单元都需要解读到位,行文至此,对"被需要"心态的解读相当充分、深入,同时,与之对应的"自我需要"的概念也需要得到关注,"二元"或"多元"的材料作文,必须做到两者兼顾,否则结论基本会呈现一边倒的态势而顾此失彼、有失偏颇。

点评:在充分解读"被需要"心态之重要后,写作者通过

身的需要,因为伟大的思想和超前的观念无须被他人需要,自己便能证明自己。当托尔斯泰放弃贵族身份呼吁关注平民时,他唾弃那些被贵族需要的眼光,选择拥抱平民的需要。当布鲁诺被教会处死,即使没有被任何人需要和拥护,他的理论都长存。这些走在光荣荆棘路上的勇士,何尝不渴望"被需要",可都在真理面前选择了献身。

"被需要"归根结底还是自身的需要,或许认清了自己需求的真谛,才能真正实现自我的人生价值。

逆向思维的方式,强调关注"自我需要"对当今时代的积极影响和重要意义,将对话话题转向现实的针对性。

点评:总结全文,无论是"需要"还是"被需要",终究是为了实现人生的价值,更何况,"被需要"的本质就是"需要"。对"二元(多元)一核心"的材料作文而言,结尾不是喊喊口号,对立双方的共同属性就是核心所在,在结尾处自然而然地加以归纳、提炼,是十分重要的收官之笔,如此方能体现写作者审视、解读写作材料的整体眼光。

【整体点评】

　　"'被需要'背后的自我需要",标题的拟定极为出彩,出彩之处不仅点明了材料的核心话题,"需要"与"被需要"这两种看似对立的心理诉求,更在于巧妙地回答了两者间看似对立实则辩证统一的关系,"被需要"的心理实际上是"自我需要"的一部分,也就言简意赅地回答了写作要求提出的问题,即"被需要"的心理普遍存在的根本原因,其思维品质之高可见一斑。一般而言,材料作文的拟题,笔者并不建议写作者拟定论点式的标题,以论点为标题往往会束缚写作的思维空间,笔者建议写作者采用核心话题作为标题的拟题方式,在文意的推进过程中,逐步展现写作者思维的广度与深度。我们再来审视"'被需要'背后的自我需要"这个标题,禁不住为写作者的精妙构思击节赞叹,看似一个话题式的标题,但是蕴含了写作者的判断,"被需要"就是"自我需要"的一部分,就是对立双方辩证的统一。

第二节　原因分析

在本章的序言部分,笔者提出,在通读一则写作材料后,写作者首先要完成的思维活动应该是对材料进行"成分分析"与"关系分析","成分分析"与"关系分析"的概念在此不再赘述。同时笔者指出,写作材料本身基本由现象陈述、事实判断、价值判断等成分构成。写作材料中无论哪一类成分,对其进行原因分析,是我们与材料的对话活动中极为重要的内容,其篇幅甚至构成一篇文章的"半壁江山"。同时,写作者在探究原因的过程中,必须全方位、多角度地思考现象背后的诸多影响因素,辨别先后、区分主次,原因分析环节能很好地展示写作者的思维品质。

示例:

> 有人说:"我们为什么要读古诗? 读古诗,是为了更好地做一个现代人。"你是否同意这一看法? 请写一篇文章,谈谈你的思考。

我们先对这则写作材料的构成成分进行分析,写作材料主要由两部分内容组成,"有人说,'我们为什么要读古诗? 读古诗,是为了更好地做一个现代人'"是一个价值判断,是一部分人的认知,他们认为为了更好地做一个现代人,我们需要读古诗;换一个角度说,一部分人认为读古诗的原因是更好地做一个现代人。写作材料的第二部分内容则对写作的对象、话题进行了明确的规范。"你是否同意这一看法的思考",就是告诉写作者必须与材料展开对话,回答"读古诗能不能帮助我们更好地做一个现代人? 如果能,读古诗为什么能帮助我们更好地做一个现代人,如果不能,又是什么原因"。通过上述简析,我们可以看到命题教师的意图,写作者必须对"读古诗能否帮助当下的人们更好地做一个现代人"持有自己的立场,更为重要的是,这一立场必须要有充足的理由加以阐释、支撑。很显然,写作者所持有立场的原因将构成习作的主体部分,而原因的剖析过程中是否有条理、有说服力则是阅卷教师最为看重的评价标准和衡量依据。

如果没有抓住核心话题与写作材料展开对话,习作是很容易偏题的,可能的错误有三种:空谈、堆砌、无关联。(1)空谈文化的魅力,道德修养的重要,最夸张的表现为"古诗"两字几乎无迹可寻,如"仁义礼智信""坚忍不拔""壮志难酬""思乡情切"等,脱离材料可用"世界上最遥远的距离"来形容。(2)堆砌素材,写作变成了诗歌默写,从田园到征战,从婉约到豪放,从汉魏到明清,纵横千古,洋洋洒洒,看起来很有内涵与积淀,但是经不起阅卷教师一句质问:剔除了这些"引",有多少是写作者自己的独立见解?(3)承接第二点,不是说写作者不能使用古人、古诗的经典素材作为证据来充实自己的论证,可是一旦写作者所使用的写作素材与"现代人"的概念之间并无内在的关联,这些素材的运用又有什么价值呢?而这恰恰是最关键的一点,如果写作者没有在其所列举的素材与"现代人"的概念之间建立起逻辑上的"链条",那就是"致命"的错误。

总而言之,假如写作者思考并回答的仅仅是"我们为什么要读古诗"而非"读古诗为什么能够帮助我们更好地做一个现代人",偏离了命题教师的意图是显而易见的。其根源就在于审题阶段对写作材料没有做好"成分分析"与"关系分析",用整体眼光审视材料的意识严重欠缺。最典型的偏离题意的立意如"读古诗,是为了做一个有文化的人,或读古诗,是为了做一个有历史责任感的人"。材料是一个整体,所有的意义单元缺一不可,片段性地解读材料只能算是"局部的真实",偏题的评估结果对这种类型的习作而言也算不上冤枉。正如人们常常感叹的,谎言并不可怕,可怕的是局部的真实。归根结底地讲,还是由于缺乏与材料的对话意识而导致的自以为是的自说自话。

材料中包含三个意义单元,"古诗""现代人""更好",最重要的是架构起古诗与现代人之间的桥梁,也就是古诗对现代人的价值,或现代人缺些什么,古诗能提供滋养;"更好"两字则意味着现代人、现代生活绝非一无是处,至少现代社会物质丰富、交通发达、通信便利,生存的压力比古人小了很多。这些思考的成果,为我们与材料展开充分、深入的对话打开了广阔的空间。现代人、现代社会有什么特征?物质丰富了,快乐似乎少了;交通发达了,彼此间的来往似乎少了;通信便利了,人与人之间的情感交流似乎淡了……我们称其为"文明病",对此,古诗是相当不错的一剂良药。归结起来,读古诗的现代人意在寻求古诗的现代意义。

古诗的现代意义是现代人诵读古诗的根本原因。读古诗,是为了更好地做一个现代人,古诗中有优雅的汉语,现代人追求便捷,但交流的便捷绝不等同于用词的粗鄙和单调。还因为古诗中有丰富的情思,现代人追求简约,但心灵的荒芜与贫瘠绝不可能造就生活方式的简约。古诗中蕴藏的悠久文化,现代人追求远方,回望每个炎黄子孙的精神、文化能让作为现代人的我们去更远的远方。或许生活在现代的我们注定是一个个回不去的异乡人,但读古诗能使我们拥有"不知何处是他乡"的安适感。笔者努力尝试从语言、情思、文化的角度挖掘古诗之于现代人的价值,而实际上,对写作者来说剖析古诗的难以取代性还有很多切入的角度。

习作展示:

古诗之于现代人(二类上)

有人说:"我们为什么要读古诗?读古诗,是为了更好地做一个现代人。"我赞同这一看法。古诗与现代人看似是两个被历史相隔的概念,但古诗对塑造现代人的精神品质、对成为更好的现代人有巨大的推动作用。

现代社会科技发达,经济水平不断提高,现代人欲望太多又太急切,在日夜兼程追逐利益时忘了将精神境界提高到相同高度,甚至抛弃了许多珍贵的精神品质。古诗句虽精短,但句句包含古代诗人的博大胸襟与智慧,放在现代不仅适用,还大大地有助于现代人完善自身和达到高境。

《中国诗词大会》《经典永流传》等节目的播出极大地说明了经典古诗词的重要性。大多数现代人在物欲横流的日常生活中缺乏一些情感

点评:写作者开门见山地表明自己的立场:对古诗能打造更好的现代人表示赞同,并且言简意赅地提出了古诗使现代人更好的根本理由在于其具有塑造现代人精神品质的作用。

点评:写作者开始与材料进行对话,这是比较重要的一段文字,剖析了古诗之于现代人价值呈现的时代背景,换而言之,也就是强调现代人读古诗的必要性。

点评:写作者继续与材料进行对话,古诗让现代人重拾

的体悟与表达,古诗能帮我们重新找回与领悟这些情感。"古道西风瘦马,夕阳西下,断肠人在天涯"这句话不带一个思念却读来饱含漂泊在外的旅人对家乡的思念之情。"总为浮云能蔽日,长安不见使人愁"生动形象地写出了李白的忧国之心。古诗词代表的不仅是那个时代,更代表、传承了这些可贵的情感。人的心里担忧祖国、挂念家乡,自然会成为有远大抱负、拼搏向上的人,会拥有重感情、有担当的品质。读古诗,能做一个更好的现代人。

如今我们强调文化自信,如果我们连这么具有代表性、有特色、有内涵的故事都不学习了,文化传承都会成为棘手的问题,何谈文化自信呢?古诗中有许多开阔人眼界、培养人精神的宝贵财富。"天生我材必有用,千金散尽还复来",李白这句诗鼓舞身处窘境的现代人,使他们重拾信心,从头再来。"人有悲欢离合,月有阴晴圆缺",通俗易懂的句子让人明白了离合的常见,化解了心中对离别的悲伤。"结庐在人境,而无车马喧,问君何能尔,心远地自偏",简明扼要地说明了心境的力量。这些故事中蕴含的财富能培养现代人至高的精神境界,让人真正明白并做到文化自信。

当然,读古诗包含的益处也不代表现代人都应沐浴焚香、沉浸在古诗中。我们还是要适应现代生活,与时代接轨,多多了解世界。读古诗应作为生活的调味剂和学习的辅助工具,在适当的时候拿来品味与体悟。

阿尔卑斯山下入口处的碑石上写着一句话:请

丢失了的情感表达与体悟,这是更好地做一个现代人所必不可少的生命体验,从而使"读古诗帮助我们更好地做一个现代人"的论断的理由更加充分,增强了阅读者对观点的认同度。

点评:随着与材料对话的深入,写作者将探讨的话题转入现代人的文化自信这一层面,实际效果是将文章的立意推进到一定的高度,极大地深化了文章的内涵。

点评:上述两段文字,写作者从古诗"抚慰现代人的心灵""树立现代人的文化自信"两方面阐释读古诗能让我们更好地做一个现代人的原因,是对古诗塑造现代人精神品质这一根本原因的具体表述,行文的条理、板块十分清晰,只是这两段文字中"引"的内容多了些,给人一种堆砌之感。其实,类比、对比、假设等各种推理方式的运用完全可以让写作者与材料的对话进行下去,摆脱"掉书袋"之嫌,可惜写作者在这方面用力不够,说服力显得有些单薄,让人有白璧微瑕之憾。

点评:"分析原因"部分如果不够充分,不能做到言之有理,放慢脚步,好好欣赏。古诗能塑造人的精神品质,让我们更好地做一个现代人,所以有时候我们应当放慢脚步,学习和欣赏古诗的美。

言之有据,拔高到"文化自信"这一层面必然显得突兀而牵强,如果能把古诗之"美"、古诗之"真"讲透彻,以"美"和"真"作为古诗让我们更好地做一个现代人的理由,那么写作者所持立场的可信度将进一步得以提升,当然要做到这一点,势必对写作者的思维品质提出更高的要求。客观地讲,要达到深化主旨的目的,需要写作者对自己的能力做冷静的评估,强行拔高往往由于理由不够充分而导致适得其反的后果。

点评:且不说此段的内容是否恰当,对话过程中辩证思维的意识值得大家反思。

点评:总结全文,照应开篇,再次强调古诗能塑造现代人的精神品质是古诗促进我们更好地做一个现代人的根本原因;所引"放慢脚步、好好欣赏",蛮有味道,余韵悠悠。

【整体点评】

　　这是一篇考场作文,仓促之间能较为完整而清晰地传递出思考的成果,而且条理清晰、言之有理,实属不易,关键在于本篇习作颇具借鉴与模仿的价值,对许多学生而言应该有所启发。笔者以为,最大的启发应该是原因分析类的材料作文,与材料进行全面深入的对话是写作者挖掘出价值判断与事实判断成立与否的根本前提。

示例：

　　本色指事物的本来面目或原本的颜色。装饰是指对事物进行艺术加工的手法。环顾我们生活的世界，也许我们会陷入深深的思考。

　　根据以上材料，请选取一个角度，写一篇文章，谈谈你的思考。要求：(1)自选角度，自拟题目，不要写成诗歌。(2)不少于800字。(3)不得透露个人信息。

习作展示：

本色"添加剂"（二类上）

　　装饰是指对事物进行艺术加工的手法，这就像食品中的添加剂，用得浑然天成，那便是可口美味、让人赏心悦目的。这样的添加剂就应该是一种本色"添加剂"。

点评：写作者从材料中两个关键的意义单元"装饰"与"本色"开启与材料的对话，以"添加剂"一说援譬设喻，巧妙地点明两者间健康的关系应该是凸显事物的本色而非掩盖事物的本色，说理形象、化抽象为直观。

　　所谓本色"添加剂"，我想大概就是指在保有事物的本来面目或原本颜色的基础上对事物进行适当且合理的艺术加工。如此一来，既自然淳朴又富有乐趣，别有一番风味。

　　上海就有这样一个地方——新天地。这里，曾是半个世纪前上海人聚居的地方。如今，它已成为别具一格的上海新地标。那些曾经在拥挤不堪的石库门里过着琐碎生活的人们即使今日前往也不会丢失昔日的回忆。怕是只因那几乎未曾改变过的石库门老模样吧。是的，设计者不过是在保有原先建筑风貌的基础上将其内部合理改造，融入更新潮的元素，添加了一份更现代的摩登气氛，非常符合崇尚精致生活的上海人的品位要求。我想，这就是将本色"添加剂"运用得恰到好处，心旷神怡之感油然而生的优秀典范吧。

点评：写作者在开篇迂曲地表明自己的立场后，以列举事实的方式继续与材料对话，所列举的"新天地"一例显然是一个正例。

　　然而却并不是任何商家都能在巨大的经济利益推动下把持得住保留本色的底线的。就像黑心的食品加工商，往原先即使不璀璨却也留存一丝古香的食品中加入过量的添加剂。那些食物就成了"金玉其外，败絮其中"的真实写照。

　　拿类似的开发改造来说，上海新天地的成功就不是无锡的三国城和水浒城能比拟的。初中秋游时我去过那里，虽说迎面而来的巨大的桃园三兄弟的雕像气势逼人，却像是装饰了熠熠发光的眼睛的龙，少了会说话会腾空而起的本领，让人感受不到历史故事的延续。

　　再深入往里，"添加剂"过多的副作用愈发明显：满街吆喝叫卖的小贩手里拿着二十元一张的一百零八将的画像，看似古色古香的店铺不过是刻意"伪造"出来的，少了灵动的气息，更少了应有的原汁原味。该有的文化底蕴全都在过量的"添加剂"的催化下蒸发了。看似气势宏伟、富丽堂皇的三国城和水浒城沦为一个人工捏造得过了火的地方。

　　而这样的危机，在中国的传统文化中处处蛰伏着。从小小一个无锡对三国历史的过度开发就可见一斑。随着年龄的增长，我们再也感受不到年味，只能对着过度包装的年货和礼品发呆，愣了半天也瞧不出本色"添加剂"的踪影，似乎只剩下华丽的塑料外壳，这是过度"添加"的时代。

　　不！还有福建的一群人仍然保留着凉粉的习俗，只不过应着人们的口味进行了改良，将其销往全国；还有童年里甜蜜的回忆——大白兔奶糖保留着纸质的包装，只是口味更加丰富多元……它们都

点评：④⑤⑥⑦连续四个自然段都以列举反例的方式继续与材料对话，客观地讲，这些反例的运用本身并没有错，只是这一板块未能展现写作者超越同龄人的思维品质，思维发展的方向是平面的，即便在第⑦段中将话题拓展延伸到文化范畴。

点评：还是以事例来作为支撑观点的依据，说理的内容少了，大量的文字用于陈述事实，冷静地评价这部分文

201

在使用本色"添加剂"。

是的,都在坚持,因为自然、健康且与时俱进,别有风味。

字的影响,必然会给阅卷教师留下负面的印象。

【整体点评】

> 写作者对材料的认识、解读还是准确的,有一定的深度,可称赞的是说理的形象性做得相当不错,精妙的设喻使抽象的道理形象而直观,易于读者接受。与材料的对话还有进一步挖掘的空间,"环顾我们生活的世界"这个意义单元能探讨的领域是非常广泛的,除了日常生活与审美之外,能谈论的话题很多,如果增加如何为人处世的内容,不仅丰富了主旨的内涵,还可以略去大量的描述性或陈述性的文字,避免给阅卷教师留下堆砌素材之感。当然,素材绝不是不能用,而是怎么用,事例本身的篇幅应该是极为精简的,重在分析事例所表明的理由,进而支撑起观点的内在逻辑。总的来说,这篇习作中形式逻辑的内容少了、分量轻了,主要以非形式逻辑的方式阐发自己的观点,给人感性有余而理性尚有不足的缺憾,但总的来说,还是瑕不掩瑜吧。

第三节　条件分析

近几年来,越来越多省市的高考作文题选择材料作文的形式,其实,我们可以将命题教师提供的写作材料理解为一种带有限制性、导向性的情境,命题教师非常明确的一个出发点就是通过情境的设置来考核写作者的逻辑思维能力,也就是评估衡量写作者的思维品质。所以,笔者在本章内容中反复提醒写作者,在通读完一则材料后,务必先对材料的组成成分和彼此关系进行分析。写作材料很重要的一种类别就是或提供假设、前提、结论,或提供前提、条件、结论。这类材料作文的写作,思维的重点必然是对前提、条件与结论之间的逻辑关联加以探究,其主要的思维活动包括前提与条件能推导出结论吗？如果能,证明它,如果不能,反驳它,如果需要补充条件,则质疑它。

示例：

"在阳光里生活,需要有步入阳光的能力。"这句意蕴丰富的话引起了你怎样的思考？请就此写一篇文章,题目自拟,不少于800字。(2018年上海春考作文题)

材料本身是一个价值判断,由两部分构成,"要有步入阳光的能力"是前提、条件,"在阳光里生活"是结论。我们要做的是紧紧围绕着条件与结论展开与材料的对话。"有了步入阳光的能力,就一定能在阳光里生活吗？"是为全文的主问题,文意的推进由此展开。我们先证明它,能;再质疑它、反驳它,在特定条件下是不能的;继而对条件加以补充,使结论能够真正成立。对条件加以补充是最大的难点,做好这一点就可以展现写作者思考的深度、思维的缜密,最后水到渠成地实现立意的升华。就细节的处理而言,材料中重要的意义单元"能力"很难以简洁明了的文字对其进行概念的界定,我们可以描述"能力"的表现、作用、适用对象、范围等的方式来表达写作者对"能力"的理解,但是概念的界定这一环节是绝对不可少的,它是写作者思维的起点,也是与材料对话的起点,同时在很大程度上决定了整篇文章立意的层次。

在批改学生习作的过程中,验证了之前的预测,对条件加以补充对写作者而言果然是最大的难点。在此记录下几种常见的思维漏洞:"慧眼",发现的能力,是能力的一部分,作为对条件的补充是不合适的;同样,"勇气"与"毅力"是抗压能力的具体表现,也是能力的一部分,作为对条件的补充还是不恰当的;类似的经不起推敲的构思,读者不用细想也能明白其中的奥妙。

附:"能力是克服阻碍、超越自我的综合素养"。"综合素养"这一本质属性源于穷尽各种能力表现列举、分类后的上位概念的概括,源于知识、技能、心理等诸多范畴。

姑且先将"阳光"这一隐喻性的概念初步解读为幸福、美好的生活,如果笔者来写这篇文章,我的整体构思如下:

(1) 要有能力才能步入阳光(幸福)(正反两方面阐述)

(2) 要有能力,还要有意愿才能步入阳光(幸福)

　　　　　(补充)

(3) 阳光还可能刺眼、灼人,更见能力、意愿的重要

　　　　　　　　　　　　　　　　　　层层深入↓

习作展示:

生活在阳光下(一类上)

在阳光里生活,需要有步入阳光的能力。当我们渴望自己拥有温暖舒适的生活时,我们首先要审视自己,是否具有踏入那个舒适圈的能力,能坦然使自己在喜欢的舒适环境中生活。

点评:与材料对话,是以切入材料所给出的话题方向、话题范围为起始的。

追求安逸的理想生活,是每个人自然的选择。谁都不愿意自己的生活,宛如海上航行的船只漂泊不定,不知风暴何时会降临。谁都想回归一个避风的港湾,在阳光里生活。但是,并不是每个人都具

点评:写作者与材料的对话表达了三层意思:(1)"阳光的生活"即大多数人大部分情况下理解的"温暖舒适的

备步入阳光的能力，即使从海上返航，也要经历重重困难险阻的考验。就如海明威的《老人与海》一书中，老人为了拖回马林鱼与鲨鱼进行了殊死搏斗，经历了数次反复又残酷的被攻击。若不是老人拥有一身本领与坚定的意志，哪能安全返航？哪能在即使拖回一条鱼骨架的情况下，仍意气风发地想要和它们斗争下去，和命运继续抗争？

一份坚定的信念是我们步入阳光的重要能力之一，在走向阳光的道路上必定会历经千锤百炼。阳光总在风雨后不无道理，步入阳光的我们也必定需要拥有配得上沐浴阳光的个人素质。

如今许多"流量小生"依仗各类绯闻、负面消息进入公众视野，并名声大噪。可出名后的他们也不得不饱受舆论非议，因为他们拿不出像样的作品在娱乐圈站稳脚跟。他们另辟蹊径轻松得到阳光，但终究因他们不具备这个能力，而只剩下落日余晖的萧瑟。

此外，进入自己的舒适圈，步入阳光里生活很容易因安逸而停下前进的步伐。人若沉醉于无须担忧阴冷环境的心境，极有可能逐渐变成混吃等死的生活状态。因此，步入阳光生活后，也必须具备保持一颗积极的矢志不渝的心。

阳光下的生活固然美好温暖，但也容易让人松懈；风雨下的生活固然充满胆战心惊和无数不可知的变化，但永远不会让人放松警惕。追求阳光里的生活是每个人的权利，积极而不堕落却应是每个人应有的姿态。这个世界很美，未来的路很长，生活不止阳光下的一片美景。无论是温暖的、平坦的、

生活"；(2)剖析人，大多数人在大多数情况下向往温暖舒适生活的心理动因；(3)以《老人与海》一书中老人与鲨鱼殊死搏斗的例子，从正面证明"有了能力才能在阳光下生活"。

点评：写作者是想以界定"能力"的概念来继续与材料对话的，可惜概念界定不够完美，但至少描述了"能力"的表现之一是"坚定的信念"，可惜概念内涵明显单薄了。

点评：写作者以列举反例的方式继续与材料对话，"流量小生"之类的事例从反面证明"有了能力才能在阳光下生活"。

点评：行文到这一段，完成了证明的环节，证明了满足条件之后的结论是成立的。

点评：与材料的对话转入反驳环节，"有了能力后反而导致不能在阳光下生活"；同时对概念的表现进行了补充，弥补了前文对概念理解的狭窄。

点评：其实，写作者对条件加以补充的环节并没有做好，只是导入了一个与"阳光"对

崎岖的、寒冷的,每一片风景,都值得我们用心对待。

如果想要在阳光里生活,那就修炼一身步入阳光的能力吧!但不要遗忘追求幸福的本心,无论身处怎样的环境,都不能停下前进的步伐。正是因为不懈的努力追求,人们才得以不断进步。

立的概念"风雨",虽然体现了一定的思辨能力,但是逻辑上的推进还是有些牵强。建议补充"意愿"这一条件,说服力更强。

点评:点题、照应开篇,再一次强调观点作为全文的收篇。

【整体点评】

> 写作者对材料的整体把握是非常准确的,材料是一个价值判断,由结论和前提条件组成。与材料的对话是紧紧围绕着条件与结论间的内在逻辑展开的,所以在整篇习作中我们可以看到清晰的行文推进过程,证明、反驳、补充条件。

倾听了不同国家的音乐,接触了不同风格的异域音调,我由此对音乐的"中国味"有了更深刻的感受,从而更有意识地去寻找"中国味"。

这段话可以启发人们如何去认识事物。请写一篇文章,谈谈你对上述材料的思考和感悟。(2019年上海卷高考作文题)

2019年上海卷高考作文题的命题较以往有了些许变化,首先是文字量增大了,而最大的变化则是命题教师单独列出了写作的要求。通过对材料进行成分分析,我们发现材料的前半部分是叙述性文字,但它只是个例子,命题者的意图、指向十分明确地以"这段话可以启发人们如何去认识事物"对考生提出了写作要求,就是让学生谈"如何认识事物"的心得与感受,或者说如何关照世界、认识自我的过程。

高考作文的区分,主要取决于考生"思维品质和思辨能力"的高下,思维品质体现在文意的逐层推进与逻辑清晰方面;而思辨能力要求考生能挖掘出表象对立下的统一点,并具有独到的见解与思想。下面,笔者以"大处着眼,小处着手,抽丝剥茧,层层推进"为纲,尝试解读2019年高考作文如何通过与材料的充分对话完成立意、阐述、思辨、推进的思维全过程,希望能给读者提供一种可操作性比较强的思维路径。

写作中构思的过程其实就是写作者不断与材料进行对话的过程,文意的推进相较于构思的过程在思维上恰恰是逆向的进程,构思由"大"而"小",而行文则由"小"而"大"。(1)"我"要回答的终极问题是:从这段话中间对如何认识事物你获得了什么启发?"异域风情"的音乐,"中国味"的音乐,互为参照,在两者比较中,我对"中国味道"的音乐有了更深刻的感受,从而更有意识地去寻找"中国味"。这样,我就回答了为什么多听异域音乐让我们更理解"中国味"。对立的两方共现,更能凸显彼此的特征,这是我们认识事物的有效方法,启发我们学习、借鉴所具有的价值。(2)"异域风情"的音乐,"中国味"的音乐,只是针锋相对、水火不容的吗?两种音乐的风格迥然而异,但是就音乐带给人们的审美愉悦而言,并没有本质的不同。由此,我们就能挖掘出超越同龄人的一层立意。(3)"音乐"只是音乐吗?很明显的带有隐喻的意味,音乐是展现审美习惯、审美取向的一种表达形式。音乐,无疑是展现文化风格的鲜活的形式。进一步推想,"中国味"所指的,不仅仅是中国风情的音乐,更是中国文化独到性的外在展现与表达。而"中国味"相较于"世界味"而言,既是独特的,又是共通的、普适的,"中国味"决不能简单地等同于"传统味"。有专家说,2019年高考作文要求学生写中国人的文化自信,这个说法是不严谨的。文化自信当然可以写,但是必须以流动的进程推导到这一话题,在推导的过程中暗含了你对认识事物的方法与态度的认知。(4)熟悉"中国味"的音乐,意味着一定了解"中国味"的音乐吗?"不识庐山真面目"对此提出了质疑,所以我们需要以"异域风情"的音乐为参照、作比较,由此我们证明"异域风情"的音乐有助于我们更深刻地感受、寻找"中国味"的音乐。但是,熟悉"异域风情"的音乐一定能让我们对"中国味"的音乐有更深刻的感受吗?答案当然是"不一定"的,我们发现,还需要补充条件,才能让"感受更深""更有意识"更有说服力。眼界之外还有眼光、眼力。

随着与材料对话的逐步深入,我们发现2019年上海高考材料作文其实是"二元一核心"与"条件分析"的结合。简明扼要地讲,我们可以在写作中呈现给阅卷教师一条明晰的思维发展的路线:"我"用比较与参照的方法来认识事物,首先可以结合材料探讨用比较和参照的方法来认识中国音乐的独特性,也就是大家潜意识中普遍认同的中国音乐的传统味；接着"我"结合材料继续用比较和参照的方法探讨中国音乐的普适性、共通性，这样"我"在与材料的对话中成功地将文意推进了一步；然后"我"超越材料的外延继续用比较和参照的方法探讨以中国音乐为典型代表的中国文化的传统味、独特性以及普适性与共同性，如此一来"中国味"的内涵便得到极大的拓展与延伸，它意味着"中国味"不仅是传统味，"中国味"更是"世界味"，由此中国文化的兼容并蓄性与锐意进取精神便得以凸显。

行文的推进就是不断地、深入地与材料进行对话，诸多的自问自答考生不可能面面俱到。但是，比同龄人多问一个"为什么"是完全做得到的。正是这个缘故，上海卷作文的本质并没有改变，同学们的写作空间依旧广阔。2019 年上海卷高考作文题提醒每一位考生：围绕材料所提供的论题、寻找讨论点并展开与材料的对话，而对话不仅仅是阐释、证明，更要在此基础上进行质疑、反驳，并补充意见。

后 记 一

　　我女儿在美国交流学习,经常微信聊天,有一次说起美国大学生的数学能力,小丫头对美国人的数学能力居然用"不屑一顾"来形容,不过加了一句:"美国人的逻辑思维能力还是相当厉害的。"这句话对我产生了相当大的震动。是不是与他们在课堂教学中重视逻辑思维训练有一定的关联性呢?

　　本书主要探讨高中议论文写作的话题。那么,逻辑思维在高中生的议论文写作中扮演什么角色呢? 先从十二年前我校学生写的一篇高考作文的片段谈起。

　　　　苏东坡被贬黄州,却令黄州大为生色;李清照遭遇家破人亡之难,仍思念项羽不肯过江东之豪气;海棠本无香,一首《如梦令》却为这本应"绿肥红瘦"的生灵平添几分香气。因为,在他们身上,我看到了执着,看到了坚定,看到了对困难的无视。它不同于戴望舒笔下的"丁香",它不同于徐志摩笔下《偶然》的清新,它是普希金《假如生活欺骗了你》的豪迈。面对生活,我们需要"花自飘零水自流"的优雅,我们需要"采菊东篱下"的恬淡,我们更需要"跨过这道坎"的信念,抬起头,仰望星空,告诉自己,必须跨过这道坎!

　　　　　　　　　　　——《必须跨过这道坎》上大附中 2007 届(8)班学生

　　参照课程标准中要求的语文核心素养,语言、思维、审美、文化,思维的发展与提升在这篇习作中是明显欠缺的。文采可圈可点,情感充沛洋溢,但明显地让人感到有"堆砌之感"和"思维凌乱之感"。教改的一大目标即为思维,这也是最近几年来,我们一直努力的方向。

在片段中，证据、理由、观点皆备，但三者之间的逻辑关系经不起推敲，证据与理由之间存在确凿无疑的一致性吗？证据明显地指向洒脱、旷达与豪迈，而非"执着、坚定、对困难的无视"，两者还是存在差异的。同时作为理由的"执着、坚定、对困难的无视"这类心理素养与"必须跨过这道坎"的观点之间并不存在因果关系，故不能有力地支撑观点。

许多年来，我们的作文指导有意无意地忽视了对思维能力的培养，尤其在课外阅读方面，我们推荐给学生的大多数是文学作品，小说、诗歌、散文，我们必须承认文学作品对学生语言表达、审美能力和文化素养的提升是功不可没的，但是逻辑这一块确实显得有点薄弱，所以学生日常习作中大量呈现的是材料的堆砌以及掉书袋式的表达。初中生基本离不开"牛顿煮鸡蛋""达·芬奇画鸡蛋""爱迪生孵鸡蛋"，结果基本上是"完蛋"；高中生也是很难摆脱"海伦凯勒""奥斯特洛夫斯基""李白和苏轼"，每年高考，"先贤"都很忙。就如上面所列举的片段，即便是文笔优美的学生，其行文过程中不合逻辑之处也是随处可见。

好在，最近几年上海卷的作文命题发生了很大的变化，以 2018 年高考作文为例："生活中，人们不仅关注自身的需要，也时常渴望被他人需要，以体现自己的价值。这种'被需要'的心态普遍存在，对此你有怎样的认识？"学生需要解读材料，对材料进行成分分析。"需要"与"被需要"是两个对立的"概念"；对立的统一在于"体现自己的价值"；而"生活中"这个话题对写作的范围明确了要求。我们需要解读被他人需要以体现自己的价值的原因，我们也不能忽视自身的需要也是体现自我价值的重要方面，我们更需要将文意一步一步地推进到被他人需要就是自身需要的一部分。这样看来，材料的堆砌与华美的语言已然作用寥寥，优秀的学生所展现的是思维的清晰与思想的深度。

为了达成思维清晰的目标，从高一至高三的写作课应该是序列化的、系统化的。例如，概念的界定与关系的阐释，论点及观点的表述，议论文语言训练，论点与论据的关系，证明和反驳的种种方法；由证据到理由，由理由到观点；议论文的思路与结构。

　　日常教学中,教师传授学生一些形式逻辑的基础知识,如归纳、演绎、类比等,也传授学生起承转合之类的行文思路。但是,问题在于,这一切,都只是形式,大部分学生的习作依旧没有灵魂,也没有思想,这一短板只有通过阅读加以弥补,得以提升。为了达成思想有深度的目标,必须补充入门级哲学专著、心理学专著、美学专著与社会学、历史学专著的阅读与指导。

后 记 二

"只有不会跳舞的才怪脚镣碍事,只有不会作诗的才感觉到格律的束缚。对不会作诗的,格律是表现的障碍物;对作家,格律便成了表现的利器。"[①]戴着镣铐起舞,却又舞姿翩翩,闻一多先生所追求的新诗歌对当下高中生的议论文写作也是颇有启发的。

文学创作崇尚"文无定法",倡导文章要有个性,要不落俗套,不要用千篇一律的程式化表达,但是文章也是有"章"可循的,这个"章"就是规律,就是人们认识事物的规律。

纵观近十年来的上海高考作文所提供的材料,并非具体的、热门的社会事件,而是贴近学生生活的社会现象。针对社会现象,无疑需要识别其本质,探究其原因,剖析其影响,裁断其是非,继而形成自己独到的价值判断。对社会现象的分析,必然经历由表及里、由彼及我、由此及彼的思维过程,这个过程既是纵向深入的,也是横向延伸的。这个规律就类似于闻一多先生所说的"镣铐",所以将其理解为对考生的局限与束缚无疑有点狭隘,"文无定法"绝不意味着考生可以随心所欲、信马由缰。

让学生"戴着镣铐跳舞"以期达成的目标在于文章呈现清晰的行文脉络与框架,也就是思维的缜密性。优秀的议论性的学生习作不仅全文的架构一目了然,段落内部的逻辑关联也是丝丝相扣的。就全文而言,最常见的行文推进顺序为:首先照应材料抛出核心话题,继而界定核心话题的概念,然后探究话题形成的原因,接着联系原因提出对应之策,简而言之,议论性文章基本上是"话题""立论""阐述""宕开""结论"的顺序。依据材料的不同,无须面面俱到,开篇立论是可行的,结尾

---

① 闻一多.诗的格律[M].武汉:武汉大学出版社,1985:81-87.

结论也是可行的。

作为文章重要板块的证明或反驳的段落同样要求有清晰的思维,证明或反驳的段落中常常运用到证据,事实论据、理论论据、名人名言等。学生常犯的错误是直接用证据支撑观点,这就注定是有偏差的。证据支撑起理由,理由支撑起观点,呈金字塔式架构。证据是否真实、充分,证据能否支撑理由,理由与观点间是否存在必然的相关性,都是需要仔细考量的。证明与反驳的形式是否有效,归纳、演绎、类比、对比多种样式的推理形式是否规范也不能忽略。所有这些因素,目的在于达成思维清晰与缜密的目标。

学生是否有话可说,是一线教师评价一道材料作文的试题是否出色的重要标准。"有话可说"意味着材料给学生提供了一个广阔的思维空间,是他翩翩起舞的舞台。对现象的认知层次与水准,很大程度上决定了作文得分的类别,换而言之就是学生的思想能否超越同龄人。如何达成思想性超越同龄人的目标?材料中的话题需要进行概念的界定;材料中的现象需要进行原因的探究;材料中的"意义单元"间的关系需要进行阐释;"价值判断"的条件需要分析……凡此种种,终究体现的是小作者思想认知的深刻与独到。

概念的界定作为整篇文章思维的起点,无疑是有难度的,建议学生采用列举、分类的方式尽可能广泛地寻找样本,进而对概念的内涵与外延进行提炼与概括;现象只是一个孤立的"点",只有将其置于时间与空间、历史与现实的横向与纵向的坐标中,才有可能探究其深层次的形成原因;材料中存在诸多现象,现象与现象间的关系纷繁复杂,可能是并列、可能是因果、可能是对立,只有准确地识别其内在的关系,才有可能在习作中与材料进行充分的对话,才有可能超越材料的维度将立意推向更高的层次;材料可能不止于现象的陈述,而以价值判断的形式提供给学生,那么判断成立与否与前提条件的关系就值得挖掘,一探究竟。

思想的深刻不会凭空而来,也不是依靠几篇习作训练就能做到的。这需要学生站在"巨人的肩膀"上来审视、反思自己的生活与所处的时代,学生需要补充阅读基础性、入门级别的哲学专著、心理学专著、美学专著、历史学专著和社会学专著。

学生在与材料的对话进程中,以语言文字为载体,表达自己对材料的思想认知,而思维在其中扮演"桥梁"的角色,思维意味着方向、方法、工具与路径。

图书在版编目（CIP）数据

社会现象类材料作文的写作指导 / 王强, 季剑炜编著. — 上海: 上海教育出版社, 2020.5
（"资优生教育"丛书）
ISBN 978-7-5444-9896-8

Ⅰ.①社… Ⅱ.①王… ②季… Ⅲ.①作文课 – 高中 – 教学参考资料 Ⅳ.①G634.343

中国版本图书馆CIP数据核字(2020)第075148号

责任编辑　徐建飞
封面设计　金一哲

"资优生教育"丛书
社会现象类材料作文的写作指导
王　强　季剑炜　编著

出版发行　上海教育出版社有限公司
官　　网　www.seph.com.cn
地　　址　上海市永福路123号
邮　　编　200031
印　　刷　启东市人民印刷有限公司
开　　本　700×1000　1/16　印张 13.75　插页 2
字　　数　215 千字
版　　次　2020年5月第1版
印　　次　2020年5月第1次印刷
书　　号　ISBN 978-7-5444-9896-8/G·8156
定　　价　88.00 元

如发现质量问题，读者可向本社调换　电话：021-64377165